Charles Dickens

A Christmas Carol
& Other Stories

크리스마스 캐럴 외

Retold by Joy Sharp

발 행 인	장운선
펴 낸 곳	THE TEXT A YBM COMPANY
초판발행	2009년 4월 2일
3쇄발행	2014년 1월 27일
등록일자	1992년 4월 30일
등록번호	제 2010-000233호
	서울특별시 강남구 테헤란로 151 역삼하이츠빌딩
	TEL (02) 2000-0515
	FAX (02) 2271-0172
Copyright	ⓒ2009 THE TEXT
ISBN	978-89-6348-003-9
인터넷 홈페이지	http://www.ybmbooks.com

THE TEXT의 허락 없이 이 책의 일부 또는 전부를 무단 복제, 전재, 발췌하는 것을 금합니다.
＊낙장 및 파본은 교환해 드립니다. 구입 철회는 구매처 규정에 따라 교환 및 환불 처리됩니다.

머리말

21세기 현대 생활 전반에서 영어는 큰 비중을 차지하고 있으며, 영어 실력은 한 사람을 평가하는 중요한 척도로 자리 잡았습니다. 영어 실력을 배양하기 위해서는 완전하면서도 자연스러운 원어민의 말과 글을 많이 접하고 느껴야 합니다.

이를 위해 YBM/Si-sa 가족인 THE TEXT는 세계 문학사에 빛나는 작품들을 엄선하여 The Classic House를 펴내게 되었습니다. 세계적인 명작들은 숨가쁜 현대를 살아가는 우리들에게 글 읽기의 즐거움과 함께 그 심오한 사고의 깊이로 시대를 초월한 감동을 선사합니다.

그러나 이들 문학 작품들이 탄생한 시대의 문체와 현대의 문체 사이에는 큰 차이가 있어서 영어를 사랑하는 사람들도 접근하기가 힘든 점이 있습니다. 이에 THE TEXT는 원작의 내용을 그대로 살리면서 보다 쉽고 간결한 문체로 원작을 재구성하여, 독자 여러분이 명작의 감동을 그대로 느끼면서 현대 영어를 자연스럽게 체득할 수 있도록 배려하였습니다.

The Classic House가 독자 여러분의 영어 실력 향상뿐 아니라 풍부한 정서 함양과 문학적, 문화적 교양을 배양하는 데 큰 도움이 되기를 기대합니다.

이 책의 특징

폭넓은 독자층 대상 고등학생, 대학생, 일반 성인 등 다양한 독자들이 쉽게 접근할 수 있는 영어 수준으로 구성하였습니다. 부담 없이 읽는 가운데 영어실력이 향상됩니다.

읽기 쉬운 현대 영어로 전문 재구성 영어권 작가들이 원작의 분위기와 의도를 최대한 살려서, 고전적인 문체와 표현을 현대 영어로 바꿔 이해하기 쉽게 다시 집필하였습니다.

친절한 어휘해설 및 내용설명 오른쪽 페이지의 주해(Footnotes)를 통해, 본문 어휘풀이뿐 아니라 내용 이해에 필요한 상황설명과 문화정보(Cultural tips)도 함께 제공합니다.

유려한 우리말 번역 영어 본문 뒤에 「명작 우리글로 다시읽기」를 실었습니다. 훌륭한 번역서의 기능을 하며, 해당 영문의 페이지도 표시하여 찾아보기 쉽도록 하였습니다.

본문 표현을 활용한 생활영어 권말에는 「명작에서 찾은 생활영어」가 있습니다. 영어 본문에서 생활영어로 활용 가능한 표현이나 문장을 뽑아 상세한 해설과 함께 실었습니다.

원어민이 녹음한 MP3 file www.ybmbooks.com에서 원어민이 영문을 낭독한 MP3 파일을 무료로 다운로드 받아 읽기 능력뿐 아니라 듣기 능력과 발음이 향상되도록 하였습니다.

이 책의 활용법

Listening Casually 본격적으로 책을 읽기에 앞서 MP3 파일을 들으면서 책의 내용을 추측해 봅니다. 들리지 않는 단어가 나오더라도 본문을 참고하지 않도록 합니다.

Reading Through 영어 본문을 본격적으로 읽습니다. 문장을 읽다 간혹 모르는 단어가 나오더라도 멈추지 않고 이야기의 흐름을 파악하는 데 중점을 두면서 읽습니다.

Reading Carefully 오른쪽 페이지 하단의 주해와 책 말미에 있는 「명작 우리글로 다시읽기」를 참고하여 문장의 정확한 의미 파악에 주력하며 다시 한번 영문을 읽습니다.

Listening Carefully 상기한 3단계를 거치며 영문의 의미를 파악한 다음, 이전에 들리지 않았던 영문이 완전히 들릴 때까지 MP3 파일을 반복해서 청취합니다.

Speaking Aloud MP3 파일을 자신이 따라할 수 있는 속도로 조절해 가면서 원어민의 발음, 억양, 어투 등에 최대한 가깝게 발성하면 회화에 큰 도움이 됩니다.

Speaking Fluently 「명작에서 찾은 생활영어」를 통해 실생활에 유용하게 쓰일 수 있는 회화 표현들을 자연스럽게 익혀 유창하게 말할 수 있도록 합니다.

저자소개

찰스 존 허펌 디킨스(Charles John Huffam Dickens)
영국, 1812~1870

해군성 경리국 관리의 아들로 태어난 디킨스는 아버지가 채무 관계로 수감되는 바람에 12세 때 구두약 공장의 직공으로 일하며 지독한 빈곤을 체험했고, 잠시 사립학교를 다니다 15세부터 법률사무소에서 일하며 문학 작품들을 탐독하였다.

여러 신문사의 기자로 활동하며 축적한 경험을 토대로 1836년 처녀작 「보즈의 스케치(Sketches by Boz)」를 출간한 디킨스는 1839년 「올리버 트위스트(Oliver Twist)」를 발표함으로써 작가로서의 입지를 확고히 하였다. 이후 그는 「크리스마스 캐럴(A Christmas Carol, 1843)」과 자전적 소설 「데이비드 카퍼필드(David Copperfield, 1850)」, 프랑스 혁명을 배경으로 한 역사소설 「두 도시 이야기(A Tale of Two Cities, 1859)」, 인간의 진정한 가치를 다룬 「위대한 유산(Great Expectations, 1861)」 등을 발표하며 문명(文名)을 떨쳤다. 노년기에 접어든 디킨스는 58세로 세상을 떠날 때까지 창작 외에도 자선사업을 비롯한 각종 사회 활동에 적극적으로 참여하였다.

디킨스는 어린 시절 자신이 경험한 밑바닥 계층의 모습을 유머와 재치 넘치는 필치로 그리며 당시의 사회악과 부정, 위선 등을 고발함으로써 빅토리아 시대 최고의 작가로 평가 받고 있다.

작품소개

디킨스의 소설 중 가장 많은 사랑을 받고 있는 「크리스마스 캐럴」은 1843년부터 디킨스가 해마다 발표했던 5편의 '크리스마스 이야기' 시리즈 중 첫 번째 작품이다. 이 작품은 출간 당시부터 큰 성공을 거두어 점차 사라져가는 크리스마스 전통을 부활시키는 촉매제가 되었고, 이후 크리스마스 정신이 서구 사회에 확고히 뿌리를 내리는 데 기여한 문화 텍스트로서의 기능을 톡톡히 해 왔다.

「크리스마스 캐럴」은 수전노인 스크루지(Scrooge)가 크리스마스 이브에 죽은 옛 동업자인 말리(Marley)의 유령을 비롯해 세 크리스마스 유령과 만나 자신의 과거, 현재, 미래를 목격한 후 자비로운 사람으로 거듭난다는 내용이다. 이 작품에서 디킨스는 자신의 평생 화두였던 사회 불평등과 빈곤을 배경으로 악의 표상인 스크루지를 사회 정의를 실현하는 주인공으로 교화시킴으로써 크리스마스 정신을 구현하고자 하였다. 오늘날 스크루지는 구두쇠의 전형으로 인식되고 있으며, 매년 크리스마스 시즌마다 이 작품은 연극, 영화, 뮤지컬 등으로 각색되어 변함없는 인기를 얻고 있다.

본서에는 「크리스마스 캐럴」 외에도 크리스마스를 주제로 한 4편의 이야기들을 함께 실었다. 디킨스는 이 4편의 작품들에서 크리스마스를 온 가족이 모여 정을 나누고 가난한 이웃들에게 자선을 베푸는 축제로 기술함으로써 크리스마스의 진정한 정신을 일깨우고 있다.

작·품·이·해·하·기

크리스마스 캐럴 A Christmas Carol

크리스마스 이브, 악덕 상인 스크루지는 크리스마스에 들떠 있는 거리의 분위기가 영 못마땅하다. 그는 자신을 파티에 초대하기 위해 찾아온 조카를 돌려보내고, 구호금 모금원들도 냉대하며 쫓아낸다. 이날 퇴근하고 집에 돌아온 스크루지 앞에 7년 전 죽은 동업자인 말리의 유령이 나타나 앞으로 유령 셋이 방문할 것이라고 예고한다. 첫 번째 나타난 과거의 유령은 지난 시절 스크루지가 탐욕스럽게 변해 온 장면을, 현재의 유령은 자신의 사무실에서 서기로 일하는 밥 크래칫(Bob Cratchit) 가족과 조카 프레드(Fred) 가족의 행복한 크리스마스 파티 장면을, 그리고 미래의 유령은 아무도 동정하지 않는 스크루지의 죽음을 보여 준다. 그리하여 스크루지는 자신의 과거를 뉘우치고 자선을 베푸는 선량한 인간으로 거듭난다. 인간애를 통한 사회정의의 실현을 꿈꾸었던 디킨스의 사회관이 잘 드러난 작품이다.

교회지기를 홀린 고블린 이야기
The Story of the Goblins Who Stole a Sexton

괴팍한 성격과 못된 심성을 지닌 교회지기이자 무덤 파는 일꾼인 가브리엘 그럽(Gabriel Grub)은 크리스마스 이브에 교회 무덤을 파다가 무시무시한 고블린의 소굴로 끌려간다. 그곳에서 서로 사랑하고 고통을 나누는 가족들의 환영을 본 가브리엘은 선이 악을 물리친다는 교훈을 얻고 자신의 과거를 참회한다. 악한 인간이 유령을 통해 선량한 인간으로 변한다는 구성으로 「크리스마스 캐럴」의 바탕이 된 작품이다.

「험프리 님의 시계」에 실린 크리스마스 이야기
A Christmas Episode From 「Master Humphrey's Clock」

크리스마스 날 저녁, 절름발이인 험프리(나)는 선술집에서 홀로 앉아 눈물을 쏟는 한 귀머거리 신사에게 다가가 위로의 말을 건네며 동병상련의 정을 나눈다. 그 후 두 사람은 크리스마스 때마다 식사를 함께 하며 우정을 돈독히 쌓아간다. 개인의 외로움과 고통을 나누고 극복하는 크리스마스의 온정을 주제로 한 작품이다.

크리스마스 축제 Christmas Festivities

크리스마스 가족 파티에 친척들이 하나 둘 방문해 이야기 꽃을 피울 때 부모의 반대를 무릅쓰고 결혼한 고모가 마지막으로 도착한다. 고모는 할머니의 품으로 뛰어들고 할아버지는 사위에게 악수를 청하면서 파티 분위기는 최고조에 달한다. 사랑과 정이 넘치는 크리스마스 가족 파티를 통해 크리스마스의 진정한 의미를 그리고 있는 작품이다.

가난한 일곱 여행자 The Seven Poor Travelers

크리스마스 이브, 자선원을 방문한 한 여행자(나)는 추위와 피곤에 지친 또 다른 여섯 여행자들을 만나 후한 식사를 대접한 후 우여곡절로 점철된 한 전쟁 영웅의 이야기를 들려준다. 가난한 이들에게 베푸는 자선을 주제로 삼은 작품으로 액자 소설의 형식을 취하고 있다.

CONTENTS

A Christmas Carol
Chapter 1 ·· 14
Chapter 2 ·· 33
Chapter 3 ·· 52
Chapter 4 ·· 71
Chapter 5 ·· 91

The Story of the Goblins Who Stole a Sexton ·· 104

A Christmas Episode From 「Master Humphrey's Clock」 ·········· 124

Christmas Festivities ················ 134

The Seven Poor Travelers
  Chapter 1 ·························· 144
  Chapter 2 ·························· 153
  Chapter 3 ·························· 172

명작 우리글로 다시읽기 ···················· 176
명작에서 찾은 생활영어 ···················· 258

A Christmas Carol

*"Men's courses will foreshadow certain ends,
to which, if persevered in, they must lead.
But if the courses be departed from,
the ends will change."*

Chapter 1
Marley's Ghost

To begin with, there was no doubt that Marley was dead. The clergyman, the clerk, the undertaker* and Ebenezer Scrooge, had all signed his death certificate.* Old Marley was as dead as a dodo.*

Marley and Scrooge had been business partners for a very long time. Scrooge was Marley's executor* and his only friend and mourner.* He also inherited most of Marley's estate after all the bills and taxes had been paid. Scrooge wasn't very upset about Marley's death and carried on business as usual on the day of the funeral. The mention of Marley's funeral brings me back to the point I started from. There is no doubt that Marley was dead. You must understand this, or nothing wonderful can come of the story I am going to tell you.

Scrooge kept a tight hold of* his money. He was even too miserly* to have someone paint out* Marley's name above the warehouse* door. The sign, 'Scrooge and Marley' was still there years later.

He was a cold-hearted, tough old man with a pointed nose, wrinkled cheeks and thin blue lips. His eyes were red-rimmed* and his voice was harsh and grating.* The sound of it was enough to freeze your soul.

He refused to heat his office. Even in the depths of winter and at Christmas it was still freezing.

External heat and cold had little influence on Scrooge. No warmth could warm him and no wintry weather could chill him. No wind that blew was colder than he was. Nobody ever asked him how he was or invited him to visit. No beggars asked him for help, no children asked the time, and no man or woman asked him for directions. Even the blind men's dogs appeared to know him. When they saw him coming they would pull their owners into doorways and out

---

undertaker 장의사   death certificate 사망확인서   as dead as dodo 완전히 죽은   executor 유언 집행인   mourner 애도자, 조문객   keep a tight hold of …을 꽉 움켜쥐고 있다   miserly 인색한   paint out 페인트로 지우다   warehouse 창고, 상점   red-rimmed 눈가가 충혈된   grating 귀에 거슬리는

of his way. Scrooge didn't care! He enjoyed having people hide from him. It meant that no one bothered him and he could get on with his business of making money. Not that he spent any of it!

One Christmas Eve, Ebenezer Scrooge was busy in his office. It was just after three o'clock. A heavy fog had descended and it was already dark outside. He could hear the people passing by his window. They were beating their hands together* and stamping their feet* to warm themselves. The severe cold and fog were making them cough and wheeze.* Their houses were damp and even colder than usual.

Scrooge's office door opened into a small, dismal room where his clerk sat copying letters for him. A small fire smoldered* in his office. Although the clerk's fire was even smaller, he was not allowed to put more fuel on it. To try and keep warm, his clerk was wearing all the clothes he owned. From time to time, he held his fingers over his only candle to defrost* them. But he continued to shiver with the cold.

"A Merry Christmas, Uncle! God save you!" shouted Scrooge's nephew, as he entered the office. He had been walking very fast and his face was red and glowing. He was out of breath but his eyes were sparkling with excitement.

"Bah, humbug* to Christmas!" said Scrooge.

"Christmas a humbug, Uncle?" said his nephew. "I'm sure you don't mean that."

"I do," said Scrooge. "Merry Christmas, indeed! Why are you so merry? You're too poor!"

"Why are you so bad-tempered and sullen*?" said his nephew. "You're so rich."

"Bah! Humbug!" was all Scrooge could think of to say.

"Don't be cross,* Uncle!" said his nephew.

"What else can I be," said Scrooge, "when I live in a world of fools? Merry Christmas, indeed! To you, Christmas time is for spending money you don't have, on presents and food you don't need! Every idiot shouting 'Merry Christmas' should be boiled alive, and buried with a stake of holly* through his heart!"

---

beat one's hands together 손뼉을 치다 stamp one's feet 발을 구르다 wheeze 씨근거리다 smolder 연기만 나고 타다, 그을다 defrost 성에를 제거하다, 녹이다 humbug 속임수, (감탄사로) 바보같이!, 헛소리! sullen 기분이 언짢은 cross 시무룩한, 언짢은 holly 호랑가시나무: 크리스마스 트리의 장식용

A Christmas Carol _ Chapter 1 | 17

"I have always thought of Christmas," said his nephew, "as a time for forgiveness, kindness, and charity. It is the time for everyone to open their hearts* and homes to those people less fortunate than themselves. I don't care that I have never earned any money from it. I believe it has done me good so I say, God bless Christmas!"

"You're quite a powerful speaker," said Scrooge. "It's a wonder you're not a Member of Parliament.*"

"Don't be grumpy,* Uncle," said his nephew. "Come and share our Christmas dinner tomorrow."

"Why did you get married?" asked Scrooge.

"Because I fell in love," said his nephew.

"Because you fell in love!" said Scrooge. "That's more ridiculous* than a Merry Christmas! Good afternoon, Nephew!"

"I want nothing from you," said his nephew, "and I ask nothing of you. So why can't we be friends?"

"Nephew," said Scrooge, "celebrate Christmas in your own way* but leave me alone."

"I am sorry with all my heart,* that you are so determined to be alone," said his nephew. "But I have come here in the spirit of goodwill,* so I say again, a Merry Christmas to you!"

"Good afternoon," said Scrooge.

"And a Happy New Year!" shouted his nephew as he left the office.

"Good afternoon!" said Scrooge again.

As his nephew left, two gentlemen arrived to see Scrooge. They took off their hats and bowed to him.

"Scrooge and Marley's, I believe," said one of the gentlemen. "Are you Mr. Scrooge or Mr. Marley?"

"Mr. Marley died seven years ago, to the day,[*]" said Scrooge.

"He was a generous man. No doubt you are too, Mr. Scrooge," said the gentleman.

At the word 'generous' Scrooge frowned,[*] and shook his head.

"It is the festive season, Mr. Scrooge," said the gentleman. "It is usual to provide help for the poor and needy, who suffer greatly at this time. Thousands are in need of basic necessities. We

---

open one's heart 흉금을 터놓다 a Member of Parliament (영국의) 하원의원 grumpy 언짢은, 심술이 난 ridiculous 웃기는, 터무니없는 in one's own way …의 마음(방식)대로 with all one's heart 진심으로 goodwill 호의, 선의, 온정 to the day 하루도 어김없이, 꼭 frown 눈살을 찌푸리다

want to offer them a few extra comforts at this time of celebration."

"Are there no prisons or workhouses?*" asked Scrooge.

"There are plenty of prisons and workhouses," said the gentleman.

"Well, I'm very glad to hear that they are still in use," said Scrooge.

"They provide scarcely enough for the poor to survive," said the gentleman. "We are collecting money to buy them extra food and fuel to keep them warm. Christmas is a time when the gap between rich and poor is more obvious. So, how much can you give for this worthy cause,* Mr. Scrooge?"

"Nothing!" said Scrooge. "I wish to be left alone. I don't celebrate Christmas and I can't afford to* pay idle people to do so. Those who are badly off* must go to the workhouses."

"Many can't go there, and many would rather die," said the gentleman.

"If they would rather* die," said Scrooge, "let them. It will decrease the population and leave more for those who are left. Good afternoon, gentlemen."

The gentlemen saw it was useless to try and persuade him to make a donation,* so they went away. Scrooge returned to his work. He was proud of the way he had been true to himself,* despite the gentlemen's persistence.

Meanwhile the night became darker, the fog became thicker and the cold more intense. The shop windows were brightly lit and decorated with holly and berries. In the main street, some workmen had lit a large fire in a brazier.* Around it, a group of men and boys were gathered trying to warm their hands. One young lad bent down at Scrooge's keyhole to sing a Christmas carol. But at the first sound of, "God bless you, merry gentleman! May nothing you dismay!" Scrooge picked up a large ruler and chased the boy away.*

Closing time arrived. Scrooge called to the clerk, "I suppose you'll want all day off tomorrow?"

"If that is convenient, sir," said the clerk.

"No, it's not convenient," said Scrooge, "and

---

workhouse 구빈원 cause 주의, 대의, 목적 can't afford to …할 여유가 없다 be badly off 가난하다, 생활이 어렵다 would rather 차라리 …하는 편이 낫다 make a donation 기부하다 be true to oneself 자신에게 충실하다, 본분을 다하다 brazier (금속제) 화로 chase... away …을 쫓아 버리다

it's not fair. You'd think it unfair if I didn't pay you what you were due, wouldn't you? But you wouldn't think I was unfairly treated if I pay you for a day you don't work!"

"It is only once a year, sir," said the clerk.

"I suppose you must have the whole day off," said Scrooge. "But be here earlier the next morning."

The clerk promised that he would and Scrooge angrily walked out.

Scrooge ate dinner at his usual tavern.* He intended to spend the rest of the evening at home with his ledgers* before going to bed. His dark and gloomy apartment had once belonged to Marley. A large brass doorknocker* hung on the front door. Scrooge had walked past* it everyday he had lived there but had never taken any notice of it. But tonight, when Scrooge unlocked his door, he thought he saw Marley's face in the knocker. His ghostly* spectacles were pushed up onto his forehead just as Scrooge remembered. The face was framed* with soft, white, wispy* hair and the eyes were wide open and motionless. As Scrooge stared at this strange sight, the face disappeared and it became just a knocker again. It had startled him but he unlocked the door and rushed inside. He lit his candle and nervously looked back at the doorknocker. Then he closed the door with a bang.*

The sound echoed through the house like thunder. Scrooge was not a man to be frightened easily. He locked the door and went upstairs to his bedroom. To save money, he extinguished the candles as he went. Darkness is cheap and Scrooge liked it that way. But the memory of Marley's face made him check all his rooms. They were just as he had left them that morning. Quite satisfied, he closed his door and double-locked* it. He didn't usually bother but he felt safer after what he had just seen.

That morning he had left a small fire ready to light on his return home. While his soup heated on the stove, he put on his dressing gown, slippers, and nightcap.* When his soup was hot enough, he sat down by the fire to eat it. Instead of putting more coal on the fire, he sat huddled*

---

tavern 선술집 ledger (회계)원장, 장부 doorknocker 문 두드리는 쇠고리 past …을 지나쳐 ghostly 유령 같은, 희미한 frame 틀을 잡다, 모양짓다 wispy 숱이 적은, 성긴 with a bang (문소리가) 쾅(탕)하고 double-lock 이중으로 자물쇠를 채우다 nightcap 나이트캡(취침용 모자) huddle 몸을 움츠리다

A Christmas Carol _ Chapter 1 | 23

over it to keep warm. The fireplace was surrounded with old Dutch tiles painted with Biblical* scenes. For a moment he thought he could see old Marley's face in them, too.

"Humbug!" said Scrooge as he walked around the room. "It's just my imagination."

He sat back in his chair and glanced at a disused bell that hung in the room. As he watched, he was astonished to see it begin to swing.* At first the bell swung so softly that it scarcely made a sound. But soon it began to ring out loudly and so did every bell in the house. The noise deafened* him and he was filled with fear and dread. Then the bells suddenly stopped. He heard a clanking* noise. It came from the wine merchant's cellar down below. It sounded like a heavy chain was being dragged* across the floor.

When he heard the cellar-door fly open,* the noise became even louder. It started on the lower floors, then came up the stairs and headed straight for his door.

"It's still humbug!" said Scrooge. "I don't and won't believe it."

Something flew through the closed door. Scrooge turned pale* and almost collapsed with fright.*

It was Marley! The chain he held was long and wound round him like a snake. It was made of cash-boxes, keys, padlocks* and heavy metal purses. His body was transparent.* The deathly* cold eyes had a chilling effect on Scrooge. He was frightened, but still found it hard to believe that this really was Marley's Ghost.

"Now!" said Scrooge. "Who are you and what do you want with me?"

"Ask me who I was and I'll tell you what I want," said Marley's voice.

"Who were you then?" said Scrooge, in a loud voice.

"In life* I was your partner, Jacob Marley," said the Ghost. "But you don't believe me, do you?"

"No, I don't," said Scrooge.

"What evidence do you need to prove that I am who I say I am?" said the Ghost.

"I don't know," said Scrooge.

"Why do you doubt your senses?" said the Ghost.

Biblical 성서의, 성서에 나오는 swing 오락가락하다 deafen 귀를 먹먹하게 하다 clank (쇠사슬 따위가) 절그럭거리다 drag 질질 끌다 fly open 문이 확 열리다 turn pale 창백해지다 fright 공포 padlock 맹꽁이 자물쇠 transparent 투명한 deathly 죽음 같은, 죽은 사람 같은 in life 살아 있을 때

"Because," said Scrooge, "I have just eaten. Sometimes I get indigestion* after a heavy meal, which can cause hallucinations.* You don't frighten me."

"In life I was your partner, Jacob Marley. But you don't believe me, do you?" said the Ghost.

Scrooge started to laugh nervously. The truth is that he was trying to hide his growing terror.

He sat in silence for a moment staring at the Ghost's fixed and glazed* eyes. The Ghost sat perfectly still. But its hair and clothes continued to move like steam from a kettle of boiling water.

"Well!" said Scrooge, "If I believe you, I will always be tormented* by my imagination! Humbug, I tell you! Humbug!"

Marley's Ghost cried out and shook his chain. Scrooge held on tightly to* his chair to stop himself from fainting.* Then the Ghost took the bandage* from round its head. Its lower jaw parted from* the skull and dropped down onto its chest! Scrooge was overcome with* terror and fell to his knees with his hands clasped* in front of him.

"Oh, have mercy, Marley!" he said. "Why do you trouble me?"

"Now, Scrooge, do you believe in me or not?" replied the Ghost.

---

indigestion 소화불량 hallucination 환각, 망상 glazed (눈동자가) 흐릿한, 생기 없는 torment 괴롭히다 hold on to ···을 꼭 쥐고 있다 faint 기절하다 bandage 붕대 part from ···로부터 떨어지다 be overcome with (슬픔, 공포 따위에) 짓눌리다, 압도되다 clasp one's hands 양손을 깍지 끼다

A Christmas Carol _ Chapter 1 | 27

"I do. I most certainly do!" said Scrooge. "But why do spirits walk the earth? And why do they visit me?"

"The spirit* of every man travels widely after death," said the Ghost. "Spirits who showed no love or compassion* in life are doomed to* wander forever. They will witness the happiness that might have been and will never be."

"Why are you chained?*" said Scrooge, trembling.

"In life," said the Ghost, "I wrapped myself in* an invisible chain and shut out the world. I chose selfishness over happiness. I didn't see the enjoyment and satisfaction I could have had from being a good and considerate man."

Scrooge's trembling increased.

"Do you know," said the Ghost, "how long and heavy your invisible chain is, Ebenezer? When I was alive seven years ago, it was just like the one I carry now. For years you have been wrapped in a chain, too. Its weight must be a strain* on your body and your mind."

Scrooge looked round but he could not see any chain, except the one round the Ghost.

"Jacob Marley, my old friend," he said, "please

tell me more. Tell me what to do!"

"I cannot," said the Ghost. "But you must want to change for the better.* In life, just like you, my spirit never left our counting house.* Now I cannot rest. I cannot stay in one place or linger* anywhere. I am continually tortured by my guilt."

Scrooge thought about what the Ghost had just said. He remained on his knees and never looked up.

"You must have traveled to many places in seven years," said Scrooge.

The Ghost cried out and loudly rattled* its chain again.

"Oh! I am chained forever," cried the Ghost. "All I feel now is regret and remorse.* I cannot go back and change all the opportunities I once had to be a better man! What a fool I was, a stupid selfish fool!"

"But you were always a good businessman, Jacob," said Scrooge.

"Business!" cried the Ghost, wringing* its

---

spirit 유령 compassion 동정심 be doomed to …할 운명이다 chain (쇠)사슬로 묶다 wrap oneself in …속에 싸이다 strain 큰 부담 change for the better 좋아지다 counting house 회계 사무소 linger 머물다 rattle 덜걱덜걱 소리 나게 하다 remorse 자책, 양심의 가책 wring 꽉 쥐다

hands. "Mankind was my business. The common welfare was my business. I believed in* charity, mercy, and tolerance. But I could have done so much more. Now it is too late for me to make amends.*"

Marley's Ghost threw its chain on the ground again, as if it was the cause of all its grief.

"Christmas," said the Ghost, "is the worst time of the year for me. I keep asking myself why I was so blind to* the suffering of others! Why didn't I see the poor homes, the beggars and the starving children!"

Scrooge was becoming more and more nervous. His trembling increased.

"Don't be hard on* me, Jacob!" said Scrooge.

He shivered and wiped the perspiration* from his brow.

"I am here tonight to warn you, Ebenezer Scrooge," said the Ghost, "that you can escape my fate."

"You were always a good friend to me," said Scrooge. "Thank you!"

"Three Spirits will visit you," said the Ghost.

"I think I'd prefer them not to come," said Scrooge.

"Without their visits," said the Ghost, "you will follow the same path as me. Expect the first tomorrow, when the clock strikes one."

"Couldn't they all come at once, Jacob?" asked Scrooge.

"No they can't!" said the Ghost. "Expect the second at the same time the following night. On the third night from now, the Spirit will appear at the last stroke* of midnight. You will not see me again. For your own sake, remember what we have discussed!"

Then the Ghost lifted its jaw off its chest and rebound* its head. Scrooge looked up and found his visitor standing with its chain wound* over and round its arm. It walked backward to the window and beckoned* Scrooge to follow, which he did. Then Marley's Ghost held up its hand, warning him to come no closer. Scrooge stopped in surprise and fear. The room was filled with the confused noises of wailing* and crying. Then the Ghost joined in the sad lament* before he floated

---

believe in ···의 가치를 믿다 make amends 보상(배상)하다 be blind to ···을 알려고 하지 않다, ···을 이해 못하다 be hard on ···을 모질게 대하다 perspiration 땀 stroke (시계, 종 등의) 치는 소리 rebind 다시 묶다 wind (실을) 감다 beckon (손짓 따위로) 부르다 wail 울부짖다 lament 비탄, 한탄

out into the bleak, dark night.

Scrooge looked out the window. What he saw frightened him. Ghosts and Spirits were wandering restlessly and moaning as they hurried through the air. Every one of them wore chains like Marley's Ghost. Scrooge recognized many of them. Some were linked together but none were free. Some were crying because they could not help the poor people they could see below them. It was obvious that they all wanted to overcome the hardships* they could now see. But they no longer had the power to do so.

Soon, these creatures and their voices faded away* into the night. Scrooge closed the window and examined the door through which the Ghost had appeared. It was double-locked, as he had locked it with his own hands, and the bolts* were still in place.*

He tried to say, "Humbug!" but stopped. He suddenly felt very tired. He wasn't sure if it was from the emotional nightmare he had just experienced or from his busy working day. He went straight to bed, and immediately fell asleep.

Chapter 2
The First of the Three Spirits

When Scrooge woke up, it was still very dark. Suddenly, he heard a church-clock start to chime.* To his great astonishment* it stopped at twelve. But how was that possible! It was past two o'clock when he went to bed. The clock had to be wrong! He looked at his pocket watch.* It started to chime twelve o'clock, too! Then it also stopped!

"It's not possible," said Scrooge, "that I have slept through a whole day."

The idea frightened him. He climbed out of* bed and went across to the frost-covered window. He cleared a small patch* of ice from the glass and looked out. It was still dark and foggy and the streets were empty. Scrooge went back

---

hardship 고난, 고생, 궁핍 fade away (소리, 빛 따위가) 희미해지며 사라지다
bolt 빗장, 걸쇠 in place 제자리에 있는, 적소에 chime (종 등이) 울리다, 시간을 알리다 to one's astonishment 놀랍게도 pocket watch 회중시계
climb out of ···에서 내려오다 patch 단편, 작은 부분

to bed to think. The more he thought, the more puzzled he became. So he tried not to think, but Marley's Ghost still bothered him.

"Was it a dream or not?" he said to himself.

He heard the clock chime a quarter* to one. Then he remembered that the Ghost had warned him of a visit when the bell struck one. He hoped to stay awake until one o'clock had passed. He couldn't go to sleep anyway! The last quarter of an hour was so long that he was convinced he must have fallen asleep, and miss the clock. Finally he heard the one o'clock chime.

"One o'clock," said Scrooge triumphantly,* "and nothing has happened!"

Suddenly a light flashed* in the room and the curtains around his bed opened.

Scrooge sat up* fearfully and found himself face to face with an unearthly* visitor.

It was childlike, yet it had the body of an old man. Although its long hair was white with age, its face was smooth and unwrinkled.* Its arms and hands were long and muscular but its legs and feet were lean and delicate. Its dress was pure white and trimmed* with summer flowers. Around its waist it wore a beautiful glowing belt.

In its hand was a sprig* of fresh green holly. A bright jet* of light sprung from* the top of its head. It held a cap under its arm.

Scrooge studied this ghostly creature. As he did so, it changed color and shape and went in and out of focus.*

"Are you the Spirit I have been told to expect, sir?" said Scrooge.

"I am," said the ghostly visitor, in a soft and gentle voice.

"Who and what are you?" said Scrooge.

"I am the Ghost of Christmas Past," it said. "Your past, Ebenezer Scrooge."

Scrooge didn't know why, but he wanted to see the Spirit wearing its cap.

"You don't need to remove your hat for me," said Scrooge. "The night air is very cold, so you may wish to wear it."

"Why," said the Spirit, "would I want to extinguish my light? You are just like all the others who forced me to hide my feelings under my cap!"

---

quarter 15분   triumphantly 의기양양하게   flash (빛이) 번쩍 비치다   sit up 일어나 앉다   unearthly 비현실적인, 섬뜩한   unwrinkled 주름이 없는   trim 장식하다   sprig 잔가지   jet 분출, 분사   spring from …에서 솟아나오다   go in and out of focus 또렷해졌다 흐려졌다 하다

"Why are you here?" said Scrooge.

"Concern for your welfare has brought me to your home," said the Spirit.

"Why, thank you, sir," said Scrooge. But he thought a good night's sleep would have been much better for him.

The Spirit took him gently by the arm* and led him across the room.

"Come with me," it said as it opened the window.

Scrooge knew it was useless to argue with the Spirit, despite the freezing weather and the late hour.

"I am mortal,*" said Scrooge, "and will most likely fall."

"A touch of my hand on your heart," said the Spirit, "and you will be safe."

As he spoke, they passed through the window. Scrooge saw that they were on an open country road, with fields on either side. The city had vanished along with the darkness and the fog. It was now a clear, cold, winter's day, with snow still on the ground.

"Good Heavens!" said Scrooge, as he looked about him. "This is where I was born."

A thousand familiar smells floated in the air. Tears came to his eyes as he remembered long forgotten thoughts, hopes, and joys.

"Your lip is trembling," said the Spirit. "And what is that on your cheek?"

"It is just a pimple,*" stammered* Scrooge, as he wiped away* a tear. He begged the Spirit to take him to another place.

"Do you remember the way?" it asked.

"Remember it?" said Scrooge, almost sobbing* with excitement. "I could walk it blindfold.*"

"It's strange that you have forgotten it for so many years," said the Spirit. "But, let us carry on.*"

They walked along the road. Scrooge recognized every gate, post, and tree. A little market town* appeared in the distance, with its church, its bridge and winding river. Some boys riding shaggy* ponies came toward them. They called to other boys who were riding in carts* and wagons. All the boys were laughing and shouting to

---

take... by the arm …의 팔을 잡아 끌다 mortal 인간(의) pimple 뾰루지, 여드름 stammer 말을 더듬다 wipe away (눈물 따위를) 훔치다 sob 흐느끼다 blindfold 눈을 가린 채 carry on 계속 하다(가다) market town 장이 서는 소도시 shaggy 털이 덥수룩한 cart (말, 나귀가 끄는) 짐수레

each other and music and singing filled the air.

"They can't see us," said the Spirit. "But this is how life used to be around here."

Scrooge knew the name of each of the boys. But why did he feel so happy to see them? Why did his heart jump with gladness as he watched them ride by? Why was he filled with joy when he heard them call 'Merry Christmas' to each other? What did Christmas mean to him? What good had it ever done him?

"The school is almost deserted,*" said the Spirit, as they approached it. "The pupils* have gone home for the holidays, but one poor boy has been left there, alone."

"I remember," said Scrooge, and he began to cry.

They soon came to a large red brick house. It had fallen into ruin over the years. The coach houses* and sheds were overrun* with grass and weeds.* Inside, it was no better. The entrance hall was damp* and dreary. The rest of the house was poorly furnished and freezing cold. The Spirit and Scrooge went across the hall to a door at the back of the house. It opened and through it they could see a long, almost empty room. A few old desks lined* the walls. A little boy sat at one of them. He was reading and trying to warm himself by the small fire. Scrooge sat down and wept to see himself as that lonely young boy. He cried for the past that he had lost. Nothing could soothe* his troubled heart.

The Spirit touched him on the arm. It pointed to his younger self as he sat reading. Suddenly a man in foreign garments* appeared outside the window. He was leading a donkey laden with* chopped wood.

"Why, it's dear, old, honest Ali Baba,*" said Scrooge. "One Christmas, when I was left here all alone, he did come, just like that. Look, there's the Parrot! When Robinson Crusoe came home after sailing around the island, it said, 'Poor Robin Crusoe, where have you been, Robin Crusoe?'"

Scrooge's business friends would have been astonished to see him so excited and surprised. They would have been even more bewildered* to

---

deserted 인적이 끊긴 pupil 학생 coach house 마차 보관소 overrun (잡초로) 우거진 weed 잡초 damp 축축한 line 늘어 세우다 soothe 달래다 garment 의복 laden with …을 실은 Ali Baba 알리바바; 「알리바바와 40인의 도둑(Ali Baba and the Forty Thieves)」의 주인공 bewildered 당황한

hear him laughing and crying.

Then Scrooge remembered where he was and let out* a long, loud sigh.

"What is the matter?" said the Spirit.

"I wish I'd been nicer," said Scrooge, "to the boy singing a Christmas carol outside my door last night. But it's too late now."

"Let's see another Christmas," said the Spirit. It smiled thoughtfully as it waved its hand.

The young Scrooge grew taller at these words and the room became a little darker and dirtier. The windows were cracked* and fragments* of plaster* fell from the ceiling. Scrooge did not know how this was happening. All he knew was that it was true. He saw himself alone again. All the other boys had again gone home for the Christmas holidays.

Scrooge looked at the Ghost and sadly shook his head. He glanced* anxiously toward the door.

It opened. A little girl, much younger than the boy, came skipping in and put her arms about his neck.

"I have come to bring you home, dear brother," said the girl, clapping her tiny hands and laughing.

"Home, little Fan?" said the boy.

"Yes," she said, joyfully. "Home, for good. Home, forever and ever.* Father is much kinder and gentler than he used to be. So I wasn't afraid to ask him again if you could come home. He said 'Yes', and sent me to fetch* you. You will never have to come back here again. Now we can all have a very happy Christmas together."

"You are wonderful, little Fan," said the boy.

She clapped her hands again, and stood on tiptoe* to hug him. Then they hurried out the open door.

The headmaster* appeared in the hall and glared at* Scrooge and little Fan.

"Bring down Scrooge's luggage," he called to the porter as he shook young Scrooge's hand. When it was loaded onto the carriage,* young Scrooge and Fan climbed aboard and set off* home.

"She was always a frail child," said the Spirit, "but she had a big, warm heart."

---

let out (한숨을) 터뜨리다 crack 금이 가다, 금가게 하다 fragment 파편 plaster 회반죽, 벽토 glance 힐끗 보다 forever and ever 영원히 fetch ⋯을 가서 데리고 오다 stand on tiptoe 발끝으로 서다 headmaster 교장 glare at ⋯을 노려보다 carriage 4륜 마차 set off 출발하다

"Yes, you're right," cried Scrooge.

"She married," said the Spirit, "and died a young woman. She had children, I believe?"

"One child," said Scrooge.

"Ah yes, your nephew," said the Spirit.

They left the school behind them and entered a busy city. Ghostly carts and coaches filled with shadowy passengers passed by them. The busy streets were well lit and the shop windows were decorated for Christmas. The Spirit stopped at a warehouse door.

"Do you know this building?" said the Spirit.

"Know it?" said Scrooge, "I was an apprentice* here."

They went in. An old gentleman sat writing behind a large desk.

"Why, it's old Fezziwig," said Scrooge, in great excitement. "Bless his heart. It's Fezziwig alive."

Old Fezziwig put down his pen and looked up at the clock. It was seven o'clock. He rubbed* his hands together and straightened* his waistcoat.* Then he began to laugh.

"Ebenezer! Dick! Come here," he called merrily.

A young man, who Scrooge recognized as himself, appeared, accompanied by another apprentice.

"That's Dick Wilkins," said Scrooge to the Spirit. "We were such good friends."

"No more work tonight, boys," said Fezziwig. "It's Christmas Eve. Clear your work away,* and lock up.* Make some room for* the celebrations."

You wouldn't believe how fast the two young fellows rushed round to tidy* and lock up! The floor was swept, and wood heaped* on the fire. The warehouse was now bright, warm, and dry. A fiddler* appeared and tuned* his violin. Next, Mrs. Fezziwig and her three daughters entered the room, followed by all the employees. Then came the local shopkeepers and all their friends and neighbors. Soon the fiddler started to play a merry tune and the dancing began.

"Well done, Mrs. Fezziwig," whispered old Fezziwig as he directed his guests to the table piled* high with food. "There's plenty to eat," he shouted, "please help yourselves."

---

apprentice 도제, 견습생, 수습 사원 rub 문지르다 straighten 똑바르게 하다 waistcoat 양복 조끼 clear... away …을 치우다 lock up 문을 닫다 make room for …을 위한 자리를(공간을) 마련하다 tidy 정돈하다 heap 쌓아 올리다 fiddler 악사, 바이올리니스트 tune (악기를) 조율하다 pile 쌓아 올리다

There was cold roast meat, bread, mince pies,* and cake to eat, and plenty of beer to drink. Everyone sang and danced and ate and drank until the clock struck eleven. Then the party

Scrooge remembers enjoying himself at the Christmas party his master Fezziwig held at his warehouse.

ended and Mr. and Mrs. Fezziwig stood at the door to farewell* all their guests. They shook everyone's hand and wished each of their guests a Merry Christmas.

Scrooge smiled as he remembered the fun and enjoyment of being part of that happy group of people.

Then he felt the Spirit gazing steadily* at* him. The clear light from its head was burning strongly. It put its finger to its lips and signaled to him to listen. He heard the two apprentices praising the Fezziwigs* for their kindness and generosity.

"Ebenezer," said the Spirit, "do you think they deserve* such praise?"

"Old Fezziwig has the power to make us happy or unhappy," said Scrooge. "He can lighten* our work or make it more of a burden. But the happiness he shows is worth* a fortune* to those that love him."

"Something is troubling you," said the Spirit. "What is it?"

---

mince pie 민스 파이(다진 고기가 든 파이) **farewell** 작별 인사를 하다 **steadily** 한결같이, 꾸준히 **gaze at** …을 응시하다 **the Fezziwigs** 페지위그 부부 **deserve** …을 받을 만하다 **lighten** 가볍게 하다, (부담을) 덜다 **worth** …의 가치가 있는 **fortune** 매우 소중한(귀중한) 것, 큰 재산

"I would really like to speak to my clerk right now," said Scrooge. "I was not very kind to him this morning. That's all."

"Quick, my time is growing short," said the Spirit. "Watch this."

Now Scrooge saw himself as an older, but still young, man. His face was only slightly lined,* but he could see the greed* in his restless* eyes. This time he was not alone. By his side sat a pretty young girl. Her tears sparkled in the light that shone out of the Ghost of Christmas Past. He moved closer to hear their conversation.

"You don't care," she said, softly, "that another love has replaced me in your heart. But if that makes you happy, then I am pleased for you."

"This is the real world, Belle," he said. "Living in poverty can ruin a relationship. The pursuit of wealth to improve one's life is not a crime."

"You fear* the world too much," she answered, gently. "I have seen your compassion for others replaced by your passion for making money. I am right, aren't I?"

"But," he said, "my feelings for you have not changed."

She shook her head.

"Our betrothal* is an old one," said Belle. "It was made when we were both happy to be poor. Back then, we hoped to improve our lives by working hard. But, Ebenezer, you have changed. When we made our promises* to each other, you were a different man."

"Back then, I was just a boy," he said, impatiently.

"But I have not changed," she said. "When we believed in the same things, we were happy. Now our ambitions* are different, we will only be miserable* together. I have often thought about it. It is right that I release* you from your promise."

"Have I ever sought release from our engagement?" he said.

"In words? No. Never," she said.

"In what, then?" he said.

"In your changed nature," she said, "your altered* spirit and outlook on life. If you had the choice, I don't believe you would choose a poor

---

lined (얼굴에) 주름이 진 greed 탐욕 restless 불안한 fear 두려워하다
betrothal 약혼(= engagement) make promises 약속하다 ambition 야망,
포부 miserable 불행한, 비참한 release 놓아주다, 해방시키다 alter 바꾸다,
변경하다

girl like me again."

"You think not?" he said.

"I wish I could believe otherwise,*" said Belle. "But you measure* everything by what you can gain, Ebenezer, not by what you can give. Therefore I release you, although I am still in love with the man you once were. Will you remember the happiness we once had? I think not. Go and enjoy the life you have chosen."

She hurried from the room and he was left alone, again.

"Spirit," said Scrooge, "I have seen enough. I want to go home."

"I have one more shadow* to show you," said the Spirit.

"No more," cried Scrooge. "I don't wish to see it. Show me no more."

But the Spirit held onto his arms, and forced him to watch what happened next.

Now they were in another scene and place. It was a small but comfortable room. Near the winter fire sat a beautiful young girl. She was so like his lost love that at first he thought it was her. Then he noticed Belle sitting opposite her daughter. There were more children there, happily playing games, shouting and filling the room with noise. The mother and daughter were laughing and soon joined in the games.

"I would give anything to have been there," thought Scrooge, "and gaze at the lashes* of Belle's downcast* eyes. All I ever wanted was her arms around me and the touch of her lips on mine."

There was a knocking at the door. The boisterous,* laughing group of children and their mother rushed immediately to open the door. It was their father, laden with Christmas toys and presents. Then the shouting and the wrestling began. The children were everywhere, shrieking* with wonder and delight as each parcel was opened. Gradually, they grew tired and climbed the stairs to the top of the house and to their beds. The house was at last quiet.

As Scrooge watched, the master of the house sat down with his wife and eldest daughter beside the fireplace.* The sight of this loving and

---

otherwise 그렇지 않게, 다르게 measure 재다, 평가하다 shadow 그림자, 환영, 비치는 영상 lash 속눈썹(= eyelash) downcast 눈을 내리뜬 boisterous 소란스런 shriek 소리를(비명을) 지르다 fireplace 벽난로

devoted* family made him reflect on* the life he might have had. He was overcome with sadness.

"Belle," said the husband, turning to his wife with a smile, "I saw an old friend of yours this afternoon. Guess who?"

"I don't know," she said, laughing. "Was it Mr. Scrooge, by any chance?*"

"It was," he said. "I saw him through his office window. Alone as usual, with only a candle to keep him company.* His business partner, Jacob Marley, is dying so he really will be on his own before too long.*"

"Spirit," said Scrooge in a broken voice, "take me away from this place."

"I told you these events are all in the past," said the Spirit. "I cannot change them. Do not blame me."

"I can't bear it," said Scrooge, "take me away."

He turned to the Spirit and gasped* in horror. In its face he saw all the faces from his past.

"Leave me or take me back home," said Scrooge, "but haunt* me no longer."

Scrooge saw that the Spirit's light was burning high and bright. He believed that this was controlling the power it had over him. He grabbed* its cap and pressed it down onto the Spirit's head until it was completely covered. But he could not extinguish its light, no matter how* hard he pressed. Suddenly he felt exhausted and sleepy. He felt he was back in his own bedroom. Then he gave the cap a final squeeze,* fell into bed and sank into a deep sleep.

---

devoted 헌신적인, 애정이 깊은 reflect on …을 회고하다 by any chance 혹시 keep... company …을 상대해 주다 before too long 곧, 머지 않아 gasp 헐떡거리다 haunt (유령 따위에) 홀리게 하다 grab 움켜쥐다 no matter how 아무리 …하더라도 squeeze 꽉 누르기, 압박

Chapter 3
The Second of the Three Spirits

Scrooge was abruptly woken from his sleep by his own loud snoring. He sat up in bed and remembered that the second Spirit was soon due to appear. His body began to shake. Was it fear of the unknown or just the cold that made him shiver? He couldn't be sure. But he didn't want to be taken by surprise again so he pulled back all his curtains. Now he could see into every corner of the room. The moment* the Spirit materialized* he would be ready to challenge it. Nothing in the world could surprise him now, or so he thought!

Scrooge was prepared for almost anything, but not prepared for nothing to happen. When the clock struck one and no Spirit appeared, he began to tremble violently. Five minutes, ten minutes, a quarter of an hour went by, yet nothing came. Then, as he lay down on his bed, a bright red light washed over him. He could not work out* where it was coming from. He got up quietly and tiptoed* to the door where the light seemed to be more intense.

"Come in, come in, Ebenezer Scrooge," called a strange voice as he turned the door handle. He jumped with fright at the mention of his name, but could do nothing but obey.

There was no doubt it was his room, but it had undergone a surprising transformation. From the walls and ceiling hung crisp* leaves of holly, ivy, and mistletoe.* The bright red holly berries sparkled and reflected the light from the roaring fire. He noticed a strange throne in the middle of the room. Its seat was made from turkeys, oysters,* sausages and huge joints* of roasted meat. Plum puddings,* large fruitcakes, and all sorts of fresh fruits shaped its arms and back. Placed next to it were steaming bowls of punch that filled the room with a delicious spicy perfume. On this wonderful throne sat a jolly fat Spirit. He was holding a glowing torch. He pointed this

---

the moment …하자마자   materialize 육체의 모습을 갖추다   work out 이해하다   tiptoe 발끝으로 걷다   crisp (야채, 식물 등이) 싱싱한   mistletoe 겨우살이   oyster 굴   joint (마디를 따라 자른) 고깃덩이   plum pudding 플럼 푸딩 (말린 과일, 견과류 등을 넣은 흑갈색 푸딩으로 Christmas pudding이라고도 함)

light at Scrooge.

"Come in," said the Spirit. "Come in, and talk to me."

Scrooge tiptoed in and stood quietly before the jolly* Spirit. He could not look at the Spirit's face but felt its kind and gentle eyes watching him.

"I am the Ghost of Christmas Present," said the Spirit. "Look at me, Ebenezer Scrooge."

Scrooge reluctantly* did so. He saw that it wore a simple, loosely* fitting green robe* trimmed with* white fur.* Its feet were bare. On top of its long, dark brown curls* sat a crown of holly, decorated with shiny icicles.* It had a friendly face and was relaxed and cheerful as it beckoned Scrooge to come closer.

"Have you ever seen anything like me before?" said the Spirit.

"Never," said Scrooge.

The Ghost of Christmas Present stood up.

"Spirit," said Scrooge, "show me what to do. Last night I learnt a difficult lesson. Tonight, please teach me more about being kind and good."

"Touch my robe," said the Spirit.

Scrooge did as he was told.

"Have you ever seen anything like me before?"
said the Ghost of Christmas Present.

---

jolly 즐거운, 유쾌한 reluctantly 꺼리며, 마지못해 loosely 헐렁하게 robe 길고 헐렁한 겉옷 trimmed with …로 장식된 fur 모피 curl (머리의) 컬, 곱슬머리 icicle 고드름

All the food, drink and decorations suddenly vanished. Scrooge now found himself standing in the city streets on Christmas morning. The sky was gloomy, and snow descended in showers of sooty* flakes.* It was freezing, but the men rushed about clearing the footpaths and scraping* the snow from the rooftops. Young children built snowmen and squealed* with delight when hit by a well-aimed snowball. Music, happy chatter and delicious aromas came from the dark and dingy* houses.

Shoppers were busy collecting their last orders of tea, coffee, almonds, sweets and cakes. The butchers' shops* had only a few turkeys left to sell. There were still large baskets of chestnuts, oranges, apples and grapes to be bought from the greengrocers.* Women warmly greeted each other and gossiped as they waited patiently to be served. Mistletoe had been hung everywhere, in anticipation of a stolen kiss,* and goodwill filled the air.

The streets were soon full of people dressed in their best clothes and on their way to church. At the same time, scores of poor folk came out of the dark streets and lanes. They carried what little food they had to the baker's shop to cook it in the cooling bread ovens. The Spirit sprinkled water from his torch onto those who became angry in the jostling* crowd. They immediately became calm.

"It's a shame* to quarrel on Christmas Day," they said. And so it was!, God love it, so it was!

"Is there a special flavor," asked Scrooge, "in the water you sprinkle from your torch?"

"There is," said the Spirit, "and it's my very own."

"Could you use it on any dinner today?" asked Scrooge.

"Yes," said the Spirit, "but on a poor one most of all."

"Why a poor one most of all?" asked Scrooge.

"Because it needs it most," said the Spirit.

Scrooge and the Spirit moved on and found themselves in the suburbs of the town. He led Scrooge to the home of his very own clerk, Bob Cratchit. The Spirit stopped and blessed the

---

sooty 그을음의   flake 얇은 조각   scrape 닦다   squeal 비명을 지르다
dingy 우중충한, 거무스레한   a butcher's shop 푸줏간   greengrocer 청과
물 가게(장수)   a stolen kiss 깜짝 키스; 겨우살이 장식 밑에 있는 소녀에게 키스하
는 크리스마스 풍습   jostle (난폭하게) 밀치다   shame 부끄러운 일

house with a sprinkling of his torch before they both entered. Mrs. Cratchit and her daughter, Belinda, were laying the table* for dinner. Peter Cratchit was watching the potatoes cook. Two smaller Cratchits, a boy and a girl, came running in. They were screaming and dancing excitedly around the table.

"I wonder why your dear father and Tiny Tim are so late?" said Mrs. Cratchit. "And Martha wasn't this late last Christmas."

"Here's Martha, Mother," called the two young Cratchits.

"Why, my dear, how late you are," said Mrs. Cratchit, as she kissed her daughter.

"We finished off a lot of work last night," said Martha, "and had to tidy up* everything this morning."

"Sit by the fire, my dear," said Mrs. Cratchit, "and warm yourself."

"Father's coming," shouted the two young Cratchits, who had been keeping watch.* "Quick, hide, Martha. Hide."

So Martha hid. Bob Cratchit came in carrying his small, crippled* son. Tiny* Tim couldn't walk without a crutch* when his father was unable to carry him.

"Where's our Martha?" said Bob Cratchit, looking round.

"Oh, she's not coming," said Mrs. Cratchit.

"Not coming? Not coming on Christmas Day?" said Bob. Suddenly he felt very tired and very sad. He had rushed home carrying Tiny Tim, in the hope of seeing all his family together for Christmas.

Martha didn't like to see him so disappointed so she quickly came out of hiding.*

"Oh, thank goodness," he said, as a smile brightened his face. "Christmas is the one time of the year when we should all be together."

"Take Tiny Tim to check the Christmas pudding," said Mrs. Cratchit to the two young Cratchits.

"And how was Tiny Tim today?" she asked her husband, when the children had left the room.

"As good as gold,*" said Bob. "Sometimes he gets the strangest ideas when he's sitting by him-

---

lay the table 식탁을(식사를) 차리다   tidy up 정돈하다   keep watch 지켜보다, 눈여겨보다   crippled 불구의, 절름거리는   tiny 조그마한, 작은; 여기서는 Tim의 애칭   crutch 목발   come out of hiding (숨어 있다가) 밖으로 나오다   as good as gold (아이, 동물 등이) 얌전한, 예의 바른

self. Do you know what he said on our way home? He hoped the people who saw him in church would remember who made lame beggars walk and blind men see."

Bob's voice trembled as he told his story.

They heard Tiny Tim's crutch banging* on the stone floor as he returned with his brother and sister. The family sat around the fire while Bob stirred a hot mixture* of gin* and lemons. Then Peter went to fetch the goose. Mrs. Cratchit made the gravy* and mashed* the potatoes. Miss Belinda sweetened the apple-sauce while Martha wiped the hot plates. The two young Cratchits put chairs around the table for everybody. Bob sat Tiny Tim beside him at the table. At last the food was ready and grace* was said. Mrs. Cratchit carved the goose. They all agreed that it was the tastiest and most tender goose they had ever eaten. When they had finished, Belinda replaced their dirty plates with clean ones.

Mrs. Cratchit went to fetch the pudding and proudly placed it on the table. Hot brandy was poured over it. When she lit the brandy, it looked just like a burning cannonball.* Everyone cheered and clapped at such a marvelous sight.

"Oh, what a wonderful pudding," said Bob Cratchit. "I declare it is Mrs. Cratchit's best in all the years we've been married."

After dinner the dishes were cleared, the hearth* swept, and the fire stoked.* Apples and oranges were put on the table and chestnuts thrown on the fire to roast. The family only owned three glasses so they all took turns drinking* the hot gin and lemon.

"A Merry Christmas to us all," said Bob cheerfully, as he lifted his glass, "and God bless us!"

"And God bless us, every one!" said Tiny Tim. He sat close to his father on his little stool.*

Bob held his son's withered* little hand as if he was scared he might be taken from him.

"Spirit," said Scrooge, "tell me if Tiny Tim will live."

"I see a vacant seat," said the Spirit, "and a crutch without an owner."

"Oh, no, kind Spirit!" said Scrooge. "Please say he will be spared."

---

bang 쿵쿵 소리 나다   mixture 혼합물   gin 진(노간주나무 열매를 넣은 증류주)
gravy 고깃국물, 육수   mash (감자 등을) 으깨다   grace (식전의) 감사 기도
cannonball 포탄   hearth 벽난로, 난롯가   stoke 불을 때다   take turns
...ing 차례대로 …하다   stool (등받이 없는) 의자   withered 말라빠진

Scrooge was overwhelmed with* remorse and grief.

"If nothing is changed," said the Spirit, "he will soon die. You cannot decide who will live and who will die. This poor child is more likely to go to Heaven than you are!"

Then Scrooge heard his name and looked up.

"A toast,*" said Bob, raising his glass, "to Mr. Scrooge, the Founder of the Feast."

"The Founder of the Feast, indeed," cried Mrs. Cratchit. "I wish he was here. I'd soon tell him what I thought of him and his miserly ways."

"Now, my dear," said Bob, "it is Christmas Day."

"Only on Christmas Day," she said, "could you drink to* the health of a hateful, mean,* unfeeling* man like Mr. Scrooge. Nobody knows it better than you. I'll drink to his health for your sake but not for his."

"My dear," said Bob quietly, "it is Christmas Day and the season of goodwill."

The children took turns to drink the toast to Scrooge, but it cast a shadow over* the party. Bob passed around* the roasted chestnuts and Scrooge was soon forgotten. Then Tiny Tim began to sing in his sad little voice, before the whole family joined in.

The Cratchit family had little money. They were not well dressed and their shoes leaked. But they were grateful, happy, and contented to be together, especially at Christmas. Scrooge couldn't believe that people with so little could be so happy. He couldn't take his eyes off* them, especially Tiny Tim, until the Spirit led him outside.

It was snowing heavily and almost dark. Through the windows, they could see the flickering* fires and the preparations for cosy family dinners. Children were playing in the snow. Family and friends were arriving to join their loved ones for Christmas dinner.

"Bless them," said the Spirit, as he sprinkled his gold dust over them. At the touch of the dust they were filled with laughter and happiness.

The Spirit and Scrooge floated off toward the sea. Scrooge was horrified to hear the thunder of

---

be overwhelmed with …에 압도되다 toast 건배 drink to …을 위해 건배하다 mean 인색한, 비열한 unfeeling 무정한, 냉혹한 cast a shadow over …에 어두운 그림자를 드리우다 pass around …을 차례차례 돌리다 take one's eyes off …에게서 눈을 떼다 flickering (불빛이) 깜박이는, 가물거리는

the water as it crashed against* the rocks below him. A solitary lighthouse stood on the dangerous reef.* But even here, the two lighthouse keepers had lit a cheerful fire. Joining their hands across the table, they wished each other 'Merry Christmas'. Then one of them began to sing in a deep, strong voice. His companion soon joined him in a merry Christmas carol.

Again they flew above the black, churning* sea until they landed on a ship. The humming of Christmas songs could be heard from the captain on the bridge* and the sailors down below. Every man on board, good or bad, was remembering his loved ones left at home.

It was a great surprise to Scrooge to suddenly find himself in a bright and cozy room. It was a much greater surprise to Scrooge to recognize his own nephew's hearty* laugh.

"Ha, ha, ha," laughed Scrooge's nephew. "Ha, ha, ha."

When Scrooge's nephew laughed, he held his sides,* rolled his head, and twisted* his face into the most incredible expressions. His nephew's wife, who was Scrooge's niece by marriage, laughed just as loudly. And their friends readily joined in the merriment.

"He said that Christmas was a humbug," said Scrooge's nephew. "He believed it too."

"Shame on* him, Fred," said Scrooge's niece.

"He's a strange, old fellow," said Scrooge's nephew, "and not very nice. But he only has himself to blame."

"I'm sure he's very rich, Fred," said Scrooge's niece. "At least, that's what you've told me."

"So what, my dear?" said Scrooge's nephew. "His wealth is of no use* to him. He doesn't do any good with it and he won't spend it on himself. We certainly won't benefit from it."

"I have no patience with him," said Scrooge's niece.

"Oh, I have," said Scrooge's nephew. "I am sorry for him and I couldn't be angry with him if I tried. He is the only one who suffers from his meanness* and ill feelings.* He won't come and dine with us because he dislikes us. We can't afford to provide much of a meal, anyway."

---

crash against …에 세게 부딪치다   reef 암초   churn (파도가) 크게 일렁이다
bridge (배의) 함교, 선교   hearty (웃음 등이) 거리낌 없는   hold one's sides
포복절도하다   twist (얼굴을) 찡그리다   Shame on …은 부끄러운 줄 알아야지
of no use 소용없는   meanness 인색함, 비열함   ill feelings 반감, 악감정

A Christmas Carol _ Chapter 3

"Indeed," said Scrooge's niece, "I think we eat very well considering what you earn."

Their guests all agreed that they had just eaten a meal fit for* a king.

"Well," said Scrooge's nephew, "I'm very glad to hear it."

"Do go on, Fred," said Scrooge's niece, clapping her hands. "You never finish what you begin to say."

"I was going to say," said Fred, "that because he dislikes us, he misses out on* some very pleasant company.* I'm sure he never mixes with* other good people. He prefers to sit in his moldy* old office counting his money. I pity* him, so every year I ask him to join us whether he likes it or not. He will probably grumble* and moan* every Christmas till he dies. But if it makes him leave his poor clerk fifty pounds, then that is something.*"

They were a musical family, so after tea Scrooge's niece sat down at the harp to play a merry tune.

Scrooge remembered it from his days at boarding school.* When Fan came to visit, he would whistle* it while she sang to him. He had been kinder and more thoughtful then. Now, he realized, he was just a miserable and selfish old man.

They didn't devote* the whole evening to music. There were twenty people there, both young and old, and they all joined in the games. The house was full of shrieks and laughter as they enjoyed themselves.

Scrooge played too but forgot that they could not see or hear him. He begged the Spirit to be allowed to stay until all the guests had left. But the Spirit said it was impossible.

"They're starting a new game," said Scrooge. "Please, kind Spirit, let me stay another half an hour."

It was a game called 'Yes and No'. Scrooge's nephew had to think of something or someone and the others had to find out what or who by asking him questions. He could only answer their questions with 'Yes' or 'No'. The questioning began. He agreed it was an animal that was

---

fit for ⋯에 걸맞은 miss out on ⋯기회를 놓치다 company 교제, 사귐
mix with ⋯와 어울리다 moldy 곰팡내 나는 pity 동정하다 grumble 투덜
거리다 moan 불평하다 something 대단한 일(사건) boarding school
기숙 학교 whistle 휘파람을 불다 devote (시간 등을) 바치다, 헌신하다

still alive. This animal was bad-tempered and rude. It lived in London and often growled and grunted.* It lived alone and did not belong to a zoo. It was not a farm animal or a cat or dog. At every new question the nephew burst into fits of laughter.*

"I know, I know," cried one of the guests. "It's your Uncle Scrooge."

"You're right," said Fred. "And, because he has been the reason for much of our laughter, we should drink a toast to him."

"To Uncle Scrooge," they said together.

"A Merry Christmas and a Happy New Year to the old man," said Scrooge's nephew, "wherever he is. He won't accept it from me but may he have it anyway. To Uncle Scrooge."

Uncle Scrooge would have stayed and given a speech of thanks if he could. But the Spirit whisked him away.* They traveled far and wide* and visited many happy homes. But in every miserable refuge, hospital or prison, they stood and watched the poor struggle to survive. The Spirit left his blessing at each place and taught Scrooge about love, and unselfishness.

It was a long night, and after a while, Scrooge

noticed a strange thing. While he always looked the same, the Spirit grew clearly older. Scrooge never mentioned it, but as they left a children's Twelfth Night* party, he looked at the Spirit.

"Why are spirits' lives so short?" he asked.

"We are only allowed a brief life," said the Spirit. "Mine ends tonight."

"Tonight?" said Scrooge.

"Yes, at midnight," said the Spirit. "Hurry, it is getting late."

They heard the chimes ringing a quarter to midnight.

"Forgive me for asking," said Scrooge, looking intently at the Spirit's robe, "but is that a small foot I can see poking out of* your clothes?"

From underneath the Spirit's robe, two small, unhappy children appeared. They clung to the Spirit's robe and glared at Scrooge. Their skin was yellow and they were thin and shriveled.* The clothes they wore were filthy and barely covered their tiny bodies.

---

grunt 투덜거리다 burst into fits of laughter 발작적으로 웃음을 터뜨리다
whisk... away …을 홱 채가다 far and wide 널리, 두루 Twelfth Night
12일절 전야제; 동방박사 세 사람이 그리스도 탄생을 축하하기 위해 방문한 것을 기념하는
날인 1월 6일 전야) poke out of …에서 돌출하다 shrivel 움츠러들게 하다

Scrooge was shocked. He tried to say they were fine children, but the words choked* him.

"Spirit, are these children yours?" said Scrooge.

"They are the children of all men," said the Spirit, looking at them. "The boy is Ignorance. The girl is Want.* Beware* them both. But most of all beware this boy, for I see Doom written on his brow, unless the writing be erased. Deny it!"

"Have they no home or family?" cried Scrooge.

"Are there no prisons?" said the Spirit, using Scrooge's own words. "Are there no workhouses?"

Then the bell struck twelve.

Scrooge looked for the Ghost of Christmas Present but it had gone. At the last stroke of twelve, he remembered the prediction* of old Jacob Marley. He looked up and saw a solemn Spirit, draped* and hooded,* coming toward him through the mist.

Chapter 4
The Last of the Spirits

The Spirit came slowly and silently toward Scrooge. Its black robe covered all but one outstretched* hand. It was tall and stately* and its mysterious presence filled him with dread. It did not speak.

"Am I in the presence of* the Ghost of Christmas Yet To* Come?" said Scrooge.

The Spirit did not answer, but pointed forward with its hand.

"You are about to show me the future," said Scrooge. "Is that not so, Spirit?"

The only answer he received was a slight nod* of the Spirit's head.

Scrooge feared the silent Spirit so much that his legs trembled. It paused a moment to give

---

choke 질식시키다, 목이 메다　want 궁핍, 빈곤　beware 조심하다　prediction 예언, 예측　draped (옷 따위를) 걸친　hooded 두건을 쓴　outstretched 뻗은, 펼친　stately 위풍당당한　in the presence of …의 면전에서　yet to+동사원형 아직 …하지 않은, 앞으로 …할　nod (동의, 인사 표시로) 끄덕임

him time to recover his strength.

"Ghost of the Future," he said, "I fear you more than any spirit I have seen. I know your purpose is to change me from a selfish man to a good and compassionate* one. I am happy to accompany you and I do it with a thankful heart. Will you not speak to me?"

The Spirit said nothing but continued to point straight ahead.

"Lead on," said Scrooge. "Morning is fast approaching so time is short. Lead on,* Spirit."

Scrooge followed the Spirit and they were soon in the heart of* the city.

The Spirit stopped beside a group of businessmen. Scrooge was curious to hear their conversation.

"No," said a fat man, "I don't know much about it, really. I only know he's dead."

"When did he die?" asked a tall, thin man.

"Last night, I believe," said the fat man.

"Why, what was the matter with him?" asked the tall, thin man.

"God knows,*" said the fat man, with a yawn.

"What has he done with his money?" asked a red-faced gentleman.

"I haven't heard," said the fat man, as he stifled* another yawn.* "Left it to his company, probably. He certainly hasn't left it to me. That's all I know."

This comment caused a great deal of laughter among the men.

"There's no doubt it will be a very cheap funeral," said the fat man. "I don't know of anybody who is going to it. Why don't we all go as a group?"

"I don't mind* going if lunch is provided," said the tall, thin man.

"Well," said the fat man, "I'll go if someone else will. When I come to think of it,* I'm sure I was his only real friend. We used to stop and chat sometimes. But I must rush* now, so I will say goodbye."

The men then wandered off to join other groups or to return to their work. Scrooge recognized them as men he had known through business deals. He waited for the Spirit to tell him

---

compassionate 인정 많은, 동정심 있는　lead on 계속 안내하다(앞장서다)　in the heart of …의 심장부에(한가운데에)　God knows 아무도 모른다(= Nobody knows)　stifle 질식시키다, (하품 등을) 꾹 참다　yawn 하품　mind 꺼리다　come to think of it 생각해 보니, 그러고 보니　rush 서두르다

why they had stopped to listen to the men. But again it remained silent.

Then the Spirit glided on into another street and pointed to two very wealthy and important businessmen. They were deep in* conversation. Scrooge also knew them.

"How are you?" said one of the men.

"I'm well, thank you. How are you?" said the other man.

"I'm good," said the first man. "I hear the old Devil has breathed his last.*"

"So I am told," said the second. "Cold, isn't it?"

"Seasonable* for Christmas time," said the first man.

"Yes, it is," said the second man. "Well, I must be off.* I've a busy day today. Goodbye."

"Goodbye," said the first man, "and Season's Greetings to you, my friend."

Not another word was said. That was their meeting, their conversation, and their parting.

Scrooge wondered why the Spirit thought such trivial conversations were important. What was its purpose? They couldn't possibly* be talking about the death of his old partner, Jacob Marley.

That was in the Past and this was the Ghost of the Future. Who were all these people talking about? He looked around for his future self but couldn't find him. Meanwhile, the Spirit stood quietly beside him with its hand outstretched. Scrooge shuddered when he felt its unseen eyes on him.

They left this busy scene and went into a part of the town where Scrooge had never been before. The lanes were filthy and narrow and the shops and houses in need of repair. Scrooge covered his nose to shut out the offensive smells coming from the alleyways. The people were lazy and usually drunk. Criminal activities took place in every corner of this miserable, rat-infested* area.

They stopped outside a dirty, run-down* old shop. It bought anything that a person wanted to sell. On the floor were piles of rusty* keys, nails, chains, and all kinds of scrap iron.* There were mountains of rags,* masses of stinking* fat,* and

---

be deep in ⋯에 몰두하다　breathe one's last (breath) 숨을 거두다, 죽다
seasonable 계절적인　be off 떠나다　possibly (cannot과 함께) 아무리 해도
rat-infested 쥐가 들끓는　run-down 황폐한　rusty 녹슨　scrap iron 고철
rag 넝마, 누더기　stinking 악취 나는　fat 지방, 비계

stacks* of bones. Sitting beside a charcoal* stove in the middle of the shop was a grey-haired old man. A filthy, tattered,* old curtain screened him from the cold outside.

Just as Scrooge and the Spirit arrived, a woman went into the shop. She was carrying a heavy bundle. Behind her, and also carrying goods to sell, was another woman, and a man dressed in faded* black. They were all astonished to recognize each other and burst into laughter.

"Let me go first," said the charwoman,* who had entered first, to the shopkeeper. "Then you can see to* the laundress* and the undertaker's* assistant. Isn't it a coincidence* that we all arrived here at the same time?"

"You couldn't have met in a better place," said old Joe, the shopkeeper. "Come into the sitting room* where it's a bit warmer. Now, let me see what you have to sell."

The old man stoked the fire and lit his lamp.

The laundress threw her bundle on the floor and sat down. She stared defiantly at the other two.

"Now, now, Mrs. Dilber," said the charwoman. "Every person has a right to take care of themselves. He always did!."

"That is indeed true," said the laundress.

"Why, then," said the charwoman, "are you so afraid? We're not going to tell tales* about each other."

"No," said Mrs. Dilber and the undertaker's assistant together, "I would hope not."

"Very well, then," said the charwoman. "That's enough of those angry looks. Who's going to notice if a few things are missing? Certainly not a dead man."

"No, you're right," said Mrs. Dilber.

"If he'd been more generous when he was alive," said the charwoman, "he wouldn't have died all alone. Somebody would have been there to care for* him."

"That's so true," said Mrs. Dilber. "He only got what he deserved."

"Open my bundle, Joe," said the charwoman, "and let me know how much it's worth. I'm not worried about the others seeing what I've

---

stack 더미 charcoal 숯, 목탄 tattered 너덜너덜한, 해진 faded 색이 바랜 charwoman 일용 가정부, 파출부 see to 유의(배려)하다, 조치하다 laundress 세탁부 undertaker 장의사 coincidence 우연의 일치, 동시 발생 sitting room 거실(= living room) tell tales 고자질하다 care for 돌보다

brought. What we've done is not a sin. We're only taking what the old skinflint* owed us before he died."

But the undertaker's assistant was the first to open his bag. It contained some stamps,* a pencil case,* some buttons, and a cheap brooch. Old Joe examined them and told the man how much he would give him.

"That's what they're worth," said Joe, "and I won't pay a penny more. Who's next?"

Mrs. Dilber was next. She produced some sheets and towels, two old silver teaspoons, a pair of sugar tongs,* and some boots.

"Ladies are a weakness of mine," said old Joe, "and I always pay them too much for their goods. It will be the ruin of me. Now, Mrs. Dilber, that's what I'll pay you so don't ask me for any more."

And he handed her a few coins.

"Undo* my bundle, Joe," said the charwoman.

Joe unfastened* it, and pulled out some clothing and a large, heavy roll* of dark material.

"What's this?" he said.

"Bed-curtains,*" she said, laughing.

"You mean," said Joe, "you took them down

while he lay there dead?"

"Yes," she said. "Why not? He isn't likely to feel the cold now he's dead, is he?"

"Well, I hope he didn't die of anything contagious,*" said old Joe.

"No, he didn't," she said. "And you won't find a hole in that linen shirt. It's the best one he had and it would have been wasted if I hadn't taken it."

"What do you mean by wasted?" said old Joe.

"They would have buried him in it," said the charwoman with a laugh. "I changed it to a cheap calico* one. It may not look as nice but it's good enough to be buried in. He can't possibly look any worse than he does already."

Scrooge watched in horror and disgust as they counted their ill-gotten* gains. He couldn't believe what they were saying about this poor, dead, unfortunate person.

"He frightened everyone away* when he was alive," laughed the charwoman. "Now it's our

---

skinflint 구두쇠 stamp 도장, 우표 pencil case 필통 sugar tongs 각설탕 집게 undo 끄르다 unfasten 끄르다, 풀다 roll 두루마리, 둘둘 말린 것 bed-curtain 침대 둘레에 드리운 커튼 contagious 전염성의 calico 캘리코, 옥양목 ill-gotten 부정하게 취득한 frighten... away …을 위협해 쫓아내다

turn to profit from his death."

"Spirit," said Scrooge, shaking from head to foot. "I understand. That unhappy man who has died could be me. I have been selfish and cruel, too. Oh, Merciful Heaven, where are we now?"

He recoiled* in terror. The scene had changed. Now he was in a very dark room that he did not recognize. A pale light fell straight onto an uncurtained bed. The body of a man lay unwatched, unwept,* and uncared-for* beneath a ragged sheet. Scrooge glanced towards the Spirit. Its steady hand was pointing to the corpse's* head beneath the sheet. He thought how easy it would be to lift the cover to see the face. He longed to* do it, but he couldn't move. He had lost all the strength in his arms and legs.

Oh cold, dreadful death, you have the power to stop a warm and tender heart. But you cannot change the good deeds that it has done. Goodwill and love will continue to grow from the seeds of generosity and kindness sown* in life.

Scrooge heard no voice speak, but he heard

these words clearly as he looked at the bed. If this man awoke, would his first thoughts be of greed and selfishness? He heard rats scurrying* past and a cat frantically scratching at* the door. Why were they so restless? Scrooge dared not think why.

"Spirit," he said, "this is a fearful place. Let us go. I have learned my lesson."

Still the Spirit pointed to the head.

"I understand what you want," said Scrooge, "but I don't have the strength to do it. If there is anyone who cares that this man has died, show me. I beg you, Spirit, show me."

The Spirit silently revealed a mother and her children waiting anxiously for someone to arrive. She paced* the room, looking out the window and glancing at the clock from time to time. The sounds of her children playing seemed to disturb her. Finally her husband arrived home. Although he was young, his face was lined with* worry and fatigue. But as he sat down, he struggled to

---

recoil 움찔하다, 뒷걸음질치다   unwept 슬퍼할 사람이 없는, 눈물이 안 나오는
uncared-for 버림받은   corpse 시체, 시신   long to …하기를 열망하다   sew
(씨 따위를) 뿌리다   scurry 허둥지둥 달리다   scratch at …을 할퀴다, 긁다
pace 왔다 갔다 하다, 서성이다   be lined with …로 (얼굴이) 주름지다

suppress a smile.

"Is it good news," she said, "or bad?"

"Bad," he said.

"Then we are ruined," she said, wringing her hands in despair.

"No, Caroline," he said. "There is still hope. He is dead."

Although she was a caring* and patient woman, she was thankful to hear the news. But she immediately prayed for forgiveness.

"Remember," he said, "I told you he was too ill to see me last night. I thought that was just an excuse not to see me about extending* the period of my loan. Well, I was wrong. He was not only very ill, but dying."

"Who will take over* our debt?" she said.

"I don't know," he said. "But we will have the money ready for them. I don't think we'll find such a ruthless* moneylender* again. We can sleep peacefully tonight, Caroline."

It was a much happier house for this man's death.

"Let me see some tenderness connected with a death," said Scrooge.

The Ghost led him through several familiar

streets. They entered poor Bob Cratchit's house. The mother and her daughters were sewing. Peter was reading a book, while the once noisy little Cratchits sat silently in a corner. The house was too quiet. Scrooge felt something was wrong.

And he took a child, and set him in the midst of* them.*

"Where did those words come from?" thought Scrooge. "I did not dream them. The boy must have read them out.* But why did he stop?"

The mother put down her sewing and rubbed* her eyes.

"Working by candlelight hurts my eyes," she said. "Your father will soon be home and I can't let him see me like this."

"He's late," said Peter, as he closed his book. "But I think he walks home more slowly now, Mother."

---

caring 돌보는, 상냥한 extend (기간 따위를) 연장하다, 연기하다 take over 떠맡다, 인수하다 ruthless 무자비한, 잔인한 moneylender 대금업자 in the midst of …의 한가운데에 And he ~ of them (성서) 마태복음 18장 2절 read out 소리 내어 읽다 rub 문지르다, 비비다

A Christmas Carol _ Chapter 4 | 83

They were very quiet again. At last she spoke, in a steady, cheerful voice that faltered* only once.

"I remember him walking home very fast carrying Tiny Tim," she said.

"And so do I," said Peter. "Often."

"And so do I," they each said in turn.*

"He wasn't heavy," she said. "His father loved him, so it was no trouble, no trouble at all."

She hurried out to meet Bob when she heard the front door open. His tea was ready for him on the stove and they all tried to help him with it. Then the two young Cratchits climbed on his knees and laid their heads against his cheeks. It was their way of saying, "Don't be sad, Father."

Bob tried to be cheerful. He praised the needlework* his wife and daughters had done.

"Well done, my dears," he said. "These new clothes will be ready long before the funeral on Sunday."

"Sunday? You went to make the arrangements* today then, Bob?" said his wife.

"Yes, my dear," said Bob. "I wish you could have gone with me to the graveyard. It would have been good for you to see how green it is. I promised Tiny Tim that we would visit him there every Sunday. Oh, my poor child, my poor little child."

Tears welled up* in his eyes and he began to cry. He couldn't help it. He left the room, and went upstairs. The bedroom was brightly lit and decorated for Christmas. Bob sat in the chair next to the bed. He looked at Tiny Tim's still* body and prayed quietly as he held his cold little hand. Then he kissed his son's little face for the last time and went downstairs to join the rest of his family.

They all sat talking round the fire while the girls and their mother continued with their sewing. Bob told them of the kindness of Mr. Scrooge's nephew, although he scarcely knew him.

"When he saw me looking sad," said Bob, "he asked me what had happened. When I told him about Tiny Tim, he expressed his heartfelt* sorrow for us. He is a very pleasant young man but

---

falter (말을) 더듬거리다 in turn 차례대로, 돌아가며 needlework 바느질(감), 자수 make the arrangements 준비를 갖추다 well up 솟아 나오다, 넘쳐 나오다 still 고요한, 움직이지 않는 heartfelt 진심에서 우러난

how he knew, I don't know."

"Knew what, my dear?" said Mrs. Cratchit.

"Why,*" said Bob, "that you are a good wife."

"Everybody knows that," said Peter.

"That's true, my boy," said Bob. "He was terribly sorry, especially for you, my dear. He gave me a card with his address on it. He said we must call on* him if we need any help. It almost felt like he had known our Tiny Tim and was grieving* with us."

"I'm sure he's a good man," said Mrs. Cratchit.

"I know you would like him, my dear," said Bob, "if you met him. And I wouldn't be at all surprised if he got Peter a better job."

"Do you hear that, Peter?" said Mrs. Cratchit.

"And then Peter will be setting up* home with his own good wife," said one of the girls.

"But we will never forget poor Tiny Tim," said Bob, "no matter where* we are."

"Never, Father," they cried, "never."

"And I know," said Bob, "we will remember how patient and calm he was. We will never forget poor Tiny Tim."

Mrs. Cratchit kissed him, his daughters kissed him, the two young Cratchits kissed him, and

Peter and Bob shook hands.

"Spirit," said Scrooge, "you are about to leave me. Tell me who that man was that we saw lying dead."

The Ghost of Christmas Yet To Come again led him on a journey through time.

"This is where my office is," said Scrooge. "Let me see what happens in the days ahead."

The Spirit stopped but the hand was pointed* elsewhere.

"But the office is there," said Scrooge. "Why do you point the other way?"

The finger kept pointing* and the Spirit remained silent.

Scrooge looked through the window. It was no longer* his office. The furniture was different, and he did not recognize the person seated in the chair. The Spirit led him to the churchyard.

"This must be where that mean and selfish man was buried," thought Scrooge.

The Spirit pointed to one of the graves.

Why (뜻밖의 발견, 승낙, 항의, 주저를 나타내어) 아니!, 이런!, 글쎄! call on 방문하다 grieve 몹시 슬퍼하다, 애통해하다 set up 세우다, 창설하다, 시작하다 no matter where 어디에 …하든지 point (손가락 따위로) …을 가리키다 keep ...ing 계속 …하다 no longer 더 이상 …아니다

A Christmas Carol _ Chapter 4

"Before I read that headstone,*" said Scrooge, "answer one question. Are we observing things that will be, or things that may be?"

The Spirit continued to point silently at the grave.

"Men's courses will foreshadow* certain ends, to which, if persevered in,* they must lead," said Scrooge. "But if the courses be departed from, the ends will change. Say it is thus with what you show me!"

Scrooge crept* toward it, trembling as he went. He was horrified to see 'Ebenezer Scrooge' engraved* on the neglected headstone.

"Am I that man who lay on the bed?" he cried, as he fell to his knees.*

The finger pointed from the grave to him and back again.

"No, Spirit," he cried. "Tell me it is not my body lying forgotten in this grave. You know I am not the man I once was."

For the first time the Spirit's hand appeared to shake.

"Good Spirit," said Scrooge, "have pity on* me. Tell me I can change the future you have shown me by leading* a better life. I will follow the

"Spirit, tell me it is not my body lying forgotten in this grave. You know I am not the man I once was." Scrooge cried in despair.

---

headstone 묘석, 묘비 foreshadow …을 암시하다, …의 전조가 되다 persevere in …을 꾸준히 하다(고수하다) creep 살금살금 기어(걸어) 가다 engrave (문자 등을) 새기다 fall to one's knees 무릎을 꿇다 have pity on …을 동정하다, 불쌍히 여기다 lead (삶을) 살아가다, 지내다

spirit of Christmas every day of the year. I will live in the Past, the Present, and the Future. The Spirits of all Three will live in me. I will not shut out* the lessons that they teach. Oh, please tell me I can erase* the writing on this stone."

In his agony,* he caught the Spirit's hand. It tried to free itself, but he was strong and held it tight.* The Spirit grew stronger and pulled free of* his grasp. Scrooge sank to his knees.* He prayed that he could alter his fate. He was astonished to see the Spirit shrink, collapse, and turn into a bedpost.* That's right, a bedpost!

Chapter 5
The End of It

Yes, it was his bedpost. Scrooge was so happy that he was back in his own room.

"My bed-curtains, they are still here," said Scrooge, and he began to sob loudly. "They are not torn down.* They are here around my bed and I am here in my own home."

With his face wet with tears and his voice breaking with emotion he declared, "I have looked into the future and I know I must change it! I know I can do it, and I will!"

He was glowing with* good intentions* as he climbed out of bed.

"I will live in the Past, the Present, and the Future," said Scrooge. "The Spirits of all Three will be with me always, Jacob Marley."

---

shut out 쫓아내다, 차단하다 erase 지우다, 제거하다 agony 심한 고통, 고뇌 tight 단단히, 꽉 free of …을 벗어나 sink to one's knees 털썩 무릎을 꿇다 bedpost 침대 기둥 tear down 철거하다, 해체하다 glow with (눈, 얼굴 따위가) …로 달아오르다, 빛나다 good intentions 선의, 호의

He was so excited that he had trouble getting himself dressed. First of all he tried putting his shirt on inside out.* Then he managed to put his trousers on back to front.*

"I don't know what I'm doing," said Scrooge, laughing and crying at the same time. "I feel as light as a feather.* I am as happy as a schoolboy. A Merry Christmas to everybody and a happy New Year to the whole world."

He skipped into the sitting room, and danced round the room until he was out of breath.*

"There's the door through which the Ghost of Jacob Marley entered. There's the corner where the Ghost of Christmas Present sat. There's the window where I saw the wandering Spirits. It really did happen, it's all true. Ha ha ha."

For a man who had been out of practice* for so many years, it was a splendid laugh, and the most wonderful sound.

"I don't know how long I've been among the Spirits," said Scrooge. "I don't know anything. Never mind. I don't care."

Suddenly he heard the church bells ringing out the loudest peals* he had ever heard.

"Oh, wonderful, wonderful. What a glorious

sound," he cried, running to the open window.

Outside there was no fog and no mist, only bright, clear and sweet fresh air. The golden sunlight and the stirring* cold soon had Scrooge dancing again.

"What day is it today, my fine young man?" shouted Scrooge to a boy on the pavement below his window.

"Today?" said the boy. "Why, it's Christmas Day, sir."

"Oh good, I haven't missed Christmas Day," said Scrooge to himself. "Hallo* again, my fine fellow."

"Hallo," shouted the boy.

"Do you know the poultry shop,*" said Scrooge, "on the corner of the next street?"

"I certainly do, sir," said the boy.

"What an intelligent boy!" said Scrooge. "Do you know if they've sold their biggest turkey* that was hanging up there?"

"You mean the one as big as me?" said the boy.

---

inside out 뒤집어서 back to front 뒤가 앞에 오게 as light as a feather 깃털처럼 가벼운 out of breath 숨을 헐떡이는 out of practice 서투른 peal 종소리, (천둥, 대포 등의) 울리는 소리 stirring 자극하는, 감동시키는 hallo 어이, 이봐 poultry shop 어리전 cf. poultry 가금, 식용 조류 turkey 칠면조

"Oh, what a delightful boy!" said Scrooge quietly. "Yes, that's the one."

"Well, it's still there," said the boy.

"Oh good," said Scrooge. "Go and buy it for me and ask them to bring it here. Then I can tell them where to deliver it. Come back with the man and I'll give you a shilling.* Come back with him in less than five minutes and I'll give you half-a-crown!*"

The boy ran off as fast as he could run.

"I'll send it to Bob Cratchit's," whispered Scrooge, rubbing his hands, and laughing loudly. "He won't know I've sent it. It's twice the size of Tiny Tim."

He wrote the Cratchit's address on a slip of paper* and went downstairs.

"Oh good, here's the turkey," said Scrooge. "Thank you, kind sir, and a Merry Christmas to you and your family."

"This is the biggest turkey I've ever had in my shop, sir," said the shopkeeper, struggling to hold it.

"It's impossible to carry such a large bird all the way* to Camden Town," said Scrooge. "You must have a cab.*"

Scrooge began to chuckle. It was so unlike him to chuckle* but he couldn't stop himself. He chuckled when he paid for the turkey, when he paid for the cab, and when he paid the young boy. By the time he went back indoors he was laughing so much he had to sit down to catch his breath* again. Then he began to cry, but whether it was from exhaustion or happiness, he didn't know.

At last he dressed himself in* his best clothes and went out into the street. Scrooge greeted everyone he met with a delighted smile. He looked so jolly that several young men said, "Good morning, sir. A Merry Christmas to you."

Scrooge thought they were the most joyous words he had ever heard.

He had not gone far when he saw a portly* gentleman coming toward him. It was the same man who had walked into his office the day before and said, "Scrooge and Marley's, I believe?"

"My dear sir," said Scrooge. "How are you? I

---

shilling 실링: 1971년까지 사용된 영국의 화폐 단위, 20분의 1파운드   crown 크라운: 영국의 옛 5실링 은화   a slip of paper 기다란 종이 쪽지   all the way 줄곧, 내내   cab (옛날의 돈내고 타는) 마차   chuckle 싱글싱글 웃다   catch one's breath 한숨 돌리다   dress oneself in …을 입다   portly 뚱뚱한, 비만한

hope you succeeded in your fundraising* yesterday. It was very kind of you to think of the poor and desperate* souls in our community."

Then, taking the old gentleman by both his hands, he said, "A Merry Christmas to you, sir."

"Mr. Scrooge," said the man.

"Yes," said Scrooge. "That is my name. And please accept my apology for being so rude yesterday. Will you allow me to donate* one hundred pounds to your charity?"

"Lord bless me!*" said the gentleman, as if his breath were taken away. "My dear Mr. Scrooge, are you serious?"

"Yes I am," said Scrooge, "and not a penny less. Will you accept it?"

"My dear sir," said the gentleman, shaking Scrooge's hand. "I don't know what to say to such generosity."

"Don't say anything, please," said Scrooge. "Come and see me. Will you come and see me?"

"Oh yes, I will," cried the old gentleman. And it was clear he meant it.

"Thank you," said Scrooge. "I am much obliged to* you. Bless you!"

He went to church, and watched the people

hurrying to and fro.* He patted* children on the head and talked to beggars. He looked into the kitchens of houses and through their windows. He found pleasure in everything he saw. He had never dreamed that anything could give him so much happiness.

In the afternoon he walked to his nephew's house. He walked past the door a dozen times before he had the courage to stop and knock.

"Is your master at home, my dear?" said Scrooge to the girl who answered the door.

"Yes, sir," she said.

"Where is he, my love?" said Scrooge.

"He's in the dining room with his wife," she said. "I'll show you in, sir."

"Thank you, but he knows me," said Scrooge. He gently opened the dining room door and poked* his head into the room. His nephew and wife were putting the finishing touches to* the food laid out on their table.

"Fred!" said Scrooge.

---

fundraising 모금 활동 desperate 절박한, 절망적인 donate 기부하다
Lord bless me! (놀람, 기쁨의 소리) 이런!, 깜짝이야! be obliged to …에게 고맙게 여기다 to and fro 앞뒤로, 이리저리 pat 가볍게 치다 poke (머리, 손가락 등을) 내밀다 put the finishing touches to …에 마무리 손질(작업)을 하다

A Christmas Carol _ Chapter 5 | 97

He hadn't meant to frighten them but they both jumped at the sudden sound of his voice.

"Why, bless my soul!" said Fred, "who's that?"

"It's me, your uncle, Scrooge," he said. "I've come to dinner. Will you let me stay, Fred?"

Let him stay! It's a mercy he didn't shake his arm off. He was quite at home in five minutes. Nothing could be better. It was a wonderful party, with wonderful games, wonderful laughter, and truly wonderful happiness.

The next morning he arrived early at his office. He had set his heart on* getting there first and catching Bob Cratchit arriving late. And he did. Yes, he did! The clock struck nine. No Bob. A quarter past nine. No Bob. He was a full eighteen and a half minutes late. Scrooge sat with his door wide open so that he could see his clerk as soon as he came in.

Bob had his hat off before he opened the door. He quickly sat down and began working as if he was trying to make up for* lost time.

"Hallo," growled Scrooge, in his usual voice. "What do you mean by arriving at this time of day?"

"I am very sorry, sir," said Bob. "I am sorry for

being late."

"You certainly are late," said Scrooge. "Yes, you are. Now come this way, if you please."

"It's only once a year, sir," said Bob. "It won't happen again, I promise. I was celebrating with my family yesterday, sir."

"I'll tell you what,* my friend," said Scrooge, leaping off his stool. "I am not going to stand this sort of thing any longer. Therefore, I am going to raise your salary."

Bob trembled with anger at the cruel joke Scrooge was playing on* him. It was obvious he had finally gone mad.* He thought of hitting him and calling for someone to bring a straitjacket* to take Scrooge away to the asylum.*

"A Merry Christmas, Bob," said Scrooge, as he clapped* him on the back. "I really mean it. You deserve a merrier Christmas than I have given you for many years. I'll raise your salary and I want to help your struggling family. We will discuss it this afternoon. Bring in another bucket of

---

set one's heart on ···하기로 결심하다   make up for ···을 벌충(만회)하다 |
tell you what 할 말이 있다   play a joke on ···을 놀리다   go mad 미치다
straitjacket (정신병자나 죄수의 난동을 막기 위해 입히는) 구속복   asylum (정신병자, 고아, 노인 등의) 보호 시설   clap 가볍게 치다〔두드리다〕

coal and make up the fires before you do any more writing, Bob Cratchit."

Scrooge was better than his word.* He did everything he promised and much more. To Tiny Tim, who did not die, he was a second father. Ebenezer Scrooge became a good man, a good master,* and a good friend to everyone he met. Some people laughed to see such a change in him, but he ignored them. He was wise enough

to know that everything happened for a reason.*
He now understood why he had traveled to the Past, Present and Future. At last he was happy and contented.*

He had no further contact with* the Spirits. People said that he now knew how to really celebrate Christmas by being kind, generous and helpful. May that be said of all of us! And so, as Tiny Tim observed, God bless Us, Every One!

---

be better than one's word 약속한 것보다 훨씬 좋은 사람이 되다(잘 해내다)
master 주인, 소유주   for a reason 다 이유가 있어서   contented 만족한
have contact with …와 접촉하다(만나다)

The Story of the Goblins Who Stole a Sexton

*If a man is mean and discontented and drinks by
himself, especially at Christmas, he will not change.
If he shares and takes pleasure in what he has,
his life will be happier and more content.*

In an old abbey* town, a long, long time ago, there lived a man named Gabriel Grub. He was employed as sexton* and gravedigger* in the local churchyard. Gabriel was a difficult, obstinate and rude fellow who preferred his own company to that of others. Anyone who met his eye was greeted with a deep, bad-tempered scowl.* The only companion this lonely, mean and miserly man tolerated was an old wicker* bottle full of rum. He kept it in his large and deep waistcoat pocket.

One Christmas eve, just before twilight, Gabriel took his spade, lit his lantern, and made his way to* the old churchyard. He had a grave to finish by morning and thought it might cheer him up if he carried on his work at once. As he walked up the old street, he saw the cheerful light of the blazing fires through the old windows. He heard the loud laughter and the happy shouts of those busy with the preparations for next day's feasts. Children bounded out of* the houses and were met by half a dozen curly headed little rascals.* They crowded happily together as they flocked inside to spend the evening playing Christmas games. All this merriment caused bitterness to the heart of Gabriel Grub. He smiled grimly as he thought of the many diseases that would soon claim* some of their young souls.

In this happy frame* of mind, Gabriel strode briskly along. He answered the good-humored greetings of some of his neighbors with a short, sullen growl. Gabriel had been looking forward to reaching the dark lane that led to the churchyard. He liked it because it was a silent, gloomy and mournful place, especially at night. The townspeople refused to go there, except in broad daylight.* Therefore he was upset to hear a young urchin* roaring out some jolly song about a merry Christmas. As Gabriel walked on, the voice drew nearer. It came from a small boy who

---

abbey 대수도원 **sexton** 교회지기 **gravedigger** 무덤 파는 일꾼 **scowl** 찌푸린 얼굴 **wicker** 고리버들 (세공) **make one's way to** …로 나아가다 **bound out of** …에서 뛰쳐나오다 **rascal** 악당, 장난꾸러기 **claim** (병 따위가) 목숨을 앗아가다 **frame** 기분 **in broad daylight** 대낮에 **urchin** 개구쟁이

was hurrying to join one of the little parties in the old street. Gabriel waited until the boy reached him and then grabbed him. He rapped* him over the head with his lantern five or six times to quieten* him. As the boy hurried away holding his head, Gabriel Grub chuckled heartily. Then he entered the churchyard and locked the gate behind him.

He put down his lantern, took off his coat, and jumped into the unfinished grave. The earth was hardened* with the frost and it was difficult to break it up and shovel it out. Although there was a moon, it shed little light on* the grave, which was in the shadow of the church. At any other time, these obstacles would have made Gabriel Grub very moody* and miserable. But he was so pleased with himself for silencing the small boy's singing that he didn't notice his slow progress. When he had finished work for the night, he gathered up* his things.

Brave* lodgings* for one, brave lodgings for one,
A few feet of cold earth, when life is done,
A stone at the head, a stone at the feet,
A rich, juicy meal for the worms to eat,

Rank[*] grass overhead, and damp clay around,
Brave lodgings for one, these, in holy ground!

"Ho! ho!" laughed Gabriel Grub, as he sat down on a flat tombstone which was a favorite resting place of his. He took his wicker bottle from his pocket.

"A coffin at Christmas! A Christmas Box! Ho! Ho! Ho!" he sang.

"Ho! Ho! Ho!" repeated a voice close behind him.

Gabriel was just raising the wicker bottle to his lips and he paused and nervously looked around. The churchyard was still and quiet in the pale moonlight. The frost glistened[*] on the tombstones and sparkled like gems[*] among the stone carvings of the old church. The snow lay hard and crisp[*] on the ground. Not the faintest rustle[*] broke the silence of the solemn scene. Sound itself appeared to be frozen and all was cold and still.

---

rap 톡톡 두드리다   quieten 조용하게 하다(= silence)   harden 딱딱하게 하다
shed light on …에 빛을 비추다   moody 침울한, 우울한   gather up …을 주워 모으다   brave (문어) 훌륭한   lodgings 숙소   rank 무성한   glisten 반짝거리다   gem 보석   crisp (바싹 말라) 부서지기 쉬운   rustle 바스락거리는 소리

"It was the echoes," said Gabriel Grub, raising the bottle to his lips again.

"It was not," said a deep voice.

Gabriel stood up but he could not move away. His legs were paralyzed* from fear and astonishment. Then his eyes rested on* a shape that made his blood run cold.* Seated on an upright* tombstone close to him was a strange, unearthly figure. This creature's long legs were crossed and his thin arms were bare. His hands rested on his knees. On his short round body, he wore a tight garment covered with small slashes.* A short cloak hung from his shoulders. The collar was cut into curious peaks and his shoes curled up at the toes into long points. The goblin* wore a broad-brimmed* hat adorned with a single feather and covered in frost. He looked as if he had sat on the same tombstone for two or three hundred years. He was sitting perfectly still but poking out his tongue and grinning at Gabriel Grub.

"It was not the echoes," said the goblin.

Gabriel Grub was paralyzed and could not reply.

"What are you doing here on Christmas eve?" said the goblin sternly.

"I came to dig a grave, sir," stammered Gabriel Grub.

"What man wanders among graves and churchyards on Christmas eve?" cried the goblin.

"Gabriel Grub! Gabriel Grub!" screamed a wild chorus of voices that seemed to fill the churchyard. Gabriel looked around fearfully but could see no one.

"What have you got in that bottle?" said the goblin.

"Rum, sir," replied the sexton, trembling more than ever. He had bought it off the smugglers and thought that perhaps this goblin might be from the customs department.*

"Who drinks rum alone and in a churchyard, on such a night as this?" said the goblin.

"Gabriel Grub! Gabriel Grub!" shouted the wild voices again.

The goblin glared at the terrified sexton. Then he raised his voice and exclaimed, "And who, then, is this fair and lawful prize we have cap-

---

paralyze 마비시키다   rest on (시선 등이) …에 머무르다   make one's blood run cold (공포로) …을 오싹하게 하다   upright 직립한, 똑바른   slash (칼로) 획 베기, 베인 자리   goblin 고블린, 도깨비   broad-brimmed (모자 따위의) 챙이 넓은   customs department 세관

tured?"

The invisible chorus again sang like the voices of choristers* accompanied by the church organ. Its sound was like the rush* of a wild wind that died away* as it passed by. But the reply was still the same, "Gabriel Grub! Gabriel Grub!"

The goblin's grin broadened* as he said, "Well,

"What are you doing here on Christmas eve?"
said the goblin sternly.

Gabriel, what have you to say?"

The sexton gasped for breath.

"What do you think of this, Gabriel?" said the goblin. He swung* his legs backward and forward on each side of the tombstone.

"It's, it's, very curious, sir," replied the sexton, half dead with fright.* "Very curious, and very pretty, but I think I'll just finish my work now, sir."

"Work!" said the goblin. "What work?"

"The grave, sir, digging the grave," stammered Gabriel.

"Oh, the grave, eh?" said the goblin. "Who enjoys making graves when everyone else is preparing to celebrate Christmas?"

Again the mysterious voices replied, "Gabriel Grub! Gabriel Grub!"

"I'm afraid my friends want you, Gabriel," said the goblin.

"But, sir," replied the horror-stricken* sexton, "how can they? I don't think the gentlemen have

---

chorister 성가대원 rush 돌진, 세차게 불기(흐르기) die away (바람, 소리 등이) 점점 약해지다, 점차 사라지다 broaden 넓어지다, (얼굴을 펴고) 활짝 웃다 swing (좌우로 혹은 앞뒤로) 흔들다 fright 공포, 경악 horror-stricken 공포에 사로잡힌

ever seen me, sir."

"Oh, yes, they have," replied the goblin. "We know the man with the sullen face and grim scowl. We saw him tonight throwing his evil looks at the children and carrying his spade. We know the evil man who hit the boy because the boy could be merry and he could not. We know him, we know him!"

Here, the goblin gave a loud, shrill* laugh, which echoed around the churchyard. He threw his legs up in the air, stood on his head, and somersaulted* right to Gabriel's feet.

"I, I am afraid I must leave you, sir," said Gabriel, making an effort to move.

"Leave us!" said the goblin, "Gabriel Grub is going to leave us. Ho! Ho! Ho! Ho! Ho! Ho!"

As the goblin laughed, Gabriel noticed a brief, brilliant light radiating* through the windows of the church. The organ played a lively tune before darkness engulfed* the church again.

Then a whole troop of goblins poured into the churchyard and began playing leapfrog* with the tombstones. Even in his terror, the sexton was astonished at the amazing feats of some of the goblins.

The organ began to play quicker and quicker. The goblins leaped faster and faster, bounding over the tombstones as if they themselves were footballs. The sexton's brain whirled* with the fast and furious action before him. His legs collapsed beneath him as the goblins flew before his eyes. The goblin king caught hold of* his collar as he sank to the ground.

When Gabriel Grub finally caught his breath, he found himself in a large cavern.* Crowds of ugly, grim goblins filled the room. In the center on an elevated* seat was the goblin king. Gabriel Grub stood motionless before him.

"Cold tonight," said the king of the goblins. "Very cold. Let's have a glass of something warm!"

At this command, half a dozen smiling goblins hastily disappeared. They returned with a goblet* of liquid fire, which they presented to the king.

"Ah!" cried the goblin, as he drank the flaming liquid, "This warms one, indeed! Bring a large

---

shrill (목소리가) 날카로운   somersault 재주넘기를 하다   radiate (빛, 열 등이) 사방으로 퍼지다   engulf 빨아들이다, 집어삼키다   leapfrog 등 짚고 뛰어넘기   whirl 빙빙 돌다   catch hold of …을 붙잡다   cavern 동굴   elevated 높은, 높아진   goblet (손잡이 없이 받침과 굽이 있는) 술잔

goblet of the same for Mr. Grub."

The unfortunate sexton protested that he was not in the habit of* taking anything warm at night. But one of the goblins held him while another poured the blazing* liquid down his throat. The whole assembly screeched* with laughter as he coughed and choked. He wiped away the tears that gushed* from his eyes after swallowing the burning drink.

"And now," said the king, poking the corner of his hat into* the sexton's eye. "And now, show this miserable and gloomy man a few of the pictures from our own great storehouse!"

As the goblin said this, a thick cloud that hid the far end of the cavern rolled away. A small and scantily* furnished but neat and clean apartment appeared. A crowd of little children were gathered round a bright fire, clinging to* their mother's gown or skipping around her chair. The mother occasionally rose to look through the window as if waiting for someone. A meal was ready on the table and a chair was placed near the fire. A knock was heard at the door and the mother opened it. The children clapped their hands for joy as their father entered. He was tired and wet, and shook the snow from his clothes. They seized his cloak, hat, stick, and gloves, and ran with them from the room. Then, as he sat down to his meal before the fire, the children climbed on his knee. The mother sat by his side, and all seemed happy and contented.

The scene changed to a small bedroom, where the youngest child lay dying. As the sexton watched, the young child took his last breath* and died. His young brother and sisters crowded round his little bed. They held his tiny hand but shrunk* back from its cold touch. They looked at his calm and peaceful face. This beautiful child seemed to be sleeping but they knew he was dead. They believed he was now an angel looking down on them, from a bright and happy Heaven.

Again the light cloud passed across the picture, and again the subject changed. The father and mother were old and helpless now. Only half of their children remained. But happiness and con-

---

be in the habit of …하는 습관이 있다 blazing 타오르는 screech 비명을 지르다 gush (액체, 소리 등이) 세차게 흘러 나오다 poke A into B A로 B를 찌르다 scantily 불충분하게, 부족하게 cling to …에 매달리다 take one's last breath 숨을 거두다 shrink 움츠러들다, 물러서다

tentment could be seen in their faces as they crowded round the fireside. They told and listened to old stories of earlier days. Slowly and peacefully the father sank into his grave.* Soon after, his beloved wife followed him to his place of rest. The children who survived* them knelt by their tomb. They watered the green turf* that covered it with their tears. They stood and turned away,* knowing that one day they would join them.

"What do you think of that?" said the goblin, turning his large face toward Gabriel Grub.

Gabriel murmured* something about it being very pretty. He looked ashamed as the goblin turned his fiery eyes on him.

"You are a miserable man!" said the goblin. "You!" He started to say more but anger stopped his next words. Suddenly he lifted up one of his legs and gave Gabriel Grub a good sound* kick. Immediately all the goblins crowded round the wretched* sexton and kicked him without mercy.

"Show him some more!" said the king of the goblins.

At these words, the cloud disappeared. A rich, beautiful landscape came into view. The sky was clear and blue. The trees were deep green and a light wind rustled* through their leaves. The flowers glowed brightly and the water sparkled in the brilliant sunshine. The birds sang their glorious welcome to the morning. It was summer, and as the sun rose all living things awoke. The ant marched to her daily toil* and the butterfly basked in* the warm rays of the sun. Insects spread their transparent wings and reveled in* their brief but happy existence. Man woke to this wonderful scene and all was brightness and splendor.

"You are a miserable man!" said the king of the goblins, angrily. And again he kicked at Gabriel, hitting him on the shoulders. And again the other goblins imitated the example of their chief.

The cloud came and went many times. Each time Gabriel Grub learnt a valuable lesson about the good and evil of man. Although his shoulders ached from the frequent kicks from the goblins' feet, he looked on* with great interest at the

---

sink into one's grave 죽다 survive ···보다 오래 살다 turf 잔디(밭) turn away 외면하다, 돌아보다 murmur 중얼거리다 sound (타격이) 호된 wretched 불쌍한 rustle 바스락거리다 toil 노고, 노동, 일 bask in ···을 흠뻑 쬐다 revel in ···을 한껏 즐기다 look on 쭉 지켜보다

passing scenes. Above all, Gabriel saw that men like him, who were irritable, mean and cheerless, were the worst people on earth. He saw that good outweighed* evil and that the world was decent and respectable after all. As soon as the cloud closed over the last picture he felt very tired. One by one the goblins faded from his sight. As the last one disappeared, he fell into a deep sleep.

Gabriel Grub awoke to the morning light, and found himself lying on a flat gravestone in the churchyard. His wicker bottle lay empty by his side. The frost had covered his coat, spade, and lantern as they lay scattered* on the ground. The stone on which he had seen the goblin sitting stood upright and silent before him. The grave that he had been digging the previous night was nearby. At first, he thought he had been dreaming. But the acute* pain in his shoulders assured him that the goblins' kicking had really happened. He was shocked when he saw no trace of footprints in the snow where the goblins had played leapfrog. He convinced himself* that the goblins, being spirits, would leave no visible impression behind them. Gabriel Grub stood up painfully. He brushed the frost off* his coat, put it on, and turned toward the town.

Gabriel was now a changed man. But he could not bear the thought of returning to a place where people would scoff at* his reform and repentance.* He hesitated for a few moments, then turned his back to the town to seek work elsewhere.

The lantern, the spade, and the wicker bottle, were found later that day in the churchyard. At first many rumors circulated* about the sexton's fate. Many believed that he had been carried away by the goblins. Some very credible witnesses came forward. They told various stories of seeing him being whisked away on the back of a chestnut horse. Some said it had one eye and the hindquarters* of a lion, others that it had the tail of a bear. The new sexton would show the curious a large broken piece of the church weathercock.* He said that the horse had kicked it off as it flew over the church. It had been

---

outweigh …보다 무겁다, (가치 등이) …을 능가하다　scattered 흩어진, 산재해 있는　acute (고통이) 심한　convince oneself 확신하다　brush... off …을 털어 버리다　scoff at …을 비웃다　repentance 후회, 참회　circulate (소문 등이) 퍼지다　hindquarters 뒷다리와 궁둥이　weathercock (닭 모양의) 풍향계

found by him a year or two later.

Unfortunately, these stories were proven wrong by the reappearance of Gabriel Grub ten years later. He had become a ragged* and rheumatic* but contented old man. He told his story to the clergyman* and the mayor. But some townsfolk thought that he had drunk all his rum and fallen asleep in the churchyard and dreamed everything. They interpreted what he had seen in the goblins' cavern as the lessons he had learned from his travels. But this unpopular opinion gradually died off.* In time* the story he told became part of the town's history.

This story has at least one moral.* If a man is mean and discontented* and drinks by himself, especially at Christmas, he will not change. But if he shares and takes pleasure in* what he has, his life will be happier and more content. In the goblin's cavern, Gabriel Grub saw how to be a better man and took this knowledge wherever he went. He died peacefully with his heart full of the love and goodness of the Christmas spirit.

---

ragged 남루한, 누더기를 걸친 rheumatic 류머티즘에 걸린 clergyman 성직자, 목사 die off 차츰 없어지다 in time 이윽고, 조만간 moral 교훈, 격언 discontented 불만족한, 불만스런 take pleasure in …을 좋아하다(즐기다)

A Christmas Episode From 「Master Humphrey's Clock」

We were sad and alone when we met.
We chose to show concern and affection
and ignore any differences.
We learned to trust each other.
Now we will always be firm friends.

It was Christmas day and I was alone. So I went outside to feel the happiness of others as they rejoiced* and celebrated this special day. I saw a noisy, excited bunch of children arriving for a party. I stopped to watch a merry group of people hurrying through the snow to a Christmas gathering.*

I admired how gently a young workingman cradled* his baby in his arms. His wife walked patiently behind him, cooing* and chuckling with their child over the father's shoulder. Everywhere, people were laughing and joking. It felt good to believe that for a short time, at least, the poor could be happy.

As evening set in,* I strolled* through the streets looking at the bright fires reflected in the windows. All this joyfulness and goodwill helped me lose the sense of loneliness that I had been feeling. I stopped at a tavern and read the menu in the window. I wondered what kind of people dined alone in taverns on Christmas day.

Solitary men are accustomed to thinking that they are the only people on their own. I have often sat alone at Christmastime* and thought it was only for happy family gatherings. Did the tavern have any customers today or was it empty? I walked away as I thought about it.

I soon stopped and looked back at the tavern. The lamp above its door seemed very inviting* to someone like me. But I worried that there might be a lot of customers. They could be young men struggling to make their way* in the world. They might be strangers here without enough money to visit family or friends living far away. I needed to see if my distressing* thoughts were true. I decided to enter the tavern there and then to see for myself. So I opened the door and walked in.

I was happy to find that there was only one person in the dining room. But I was also sad to see that he was by himself. Like me, he was elderly and his hair was nearly white. He did not notice

---

rejoice 기뻐하다 gathering 모임 cradle (아이를) 안아서 어르다 coo (아이에게) 부드럽게 말을 걸다, (연인끼리) 속삭이다 set in (계절, 밤이) 시작되다 stroll 한가롭게 거닐다 at Christmastime 크리스마스 때(무렵)에 inviting 눈길을 끄는, 유혹하는 make one's way 출세하다 distressing 고통을 주는, 비참한

A Christmas Episode From 「Master Humphrey's Clock」 | 125

my arrival although I made a noisy entrance. I selected a table where I might hopefully attract his attention. He sat with his elbow on the table and his head on his hand. His meal lay half finished in front of him. I raised my glass in a Christmas toast but he did not turn my way.

Although I had eaten earlier, I ordered something from the menu so that I had a reason to stay. Eventually the gentleman became aware that he was no longer alone and looked up. He looked sad and thoughtful so I waited quietly to speak to him. I had never seen such a patient and kind face and I desperately wanted to talk to him. He should have been celebrating with friends. Yet here he sat dejected* and alone when most other men had their family or friends about them. It was obvious he was having difficulty shaking* off his unhappy thoughts.

I was sure he was not used to solitude.* If he were, he would have taken some interest in my arrival. I could not fail to* see that although he tried to eat he had no appetite.* Time after time, he pushed his plate away and relapsed into* his daydream.*

I believed this was the first time he had sat in

an empty and silent room at this time of year. I'm sure he was thinking about past Christmas days when he had not been alone. I could not help but imagine the crowds of happy faces that must have once surrounded him. It would be a stark* contrast to this dull place with its sprigs of dry mistletoe and holly.

I grew more interested in this gentleman as I watched him. When he had eaten all he could manage, a decanter* of wine was placed on his table. It remained untouched for a long time. Eventually, with a trembling hand, he filled his glass and raised it to his lips. He must have muttered a tender wish or a loved one's name but he could not take a sip* from his glass. He put it down on the table and pressed his hand to his face as tears rolled down his cheeks.

Without thinking, I crossed the room and sat down beside him. I laid my hand gently on his arm.

"My friend," I said, "can I comfort you? I will

---

dejected 낙담한 have difficulty ...ing ···하는 데 어려움을 겪다 solitude 고독 not fail to 반드시 ···하다 appetite 식욕 relapse into (원래의 상태로) 되돌아가다, 다시 빠지다 daydream 공상, 백일몽 stark 뚜렷한 decanter (보통 포도주를 담는) 마개 달린 술병 take a sip 한 모금 마시다

not preach what I have not practiced. Whatever the cause of your great sadness, be of good heart.*"

"I am sure you speak honestly and kindly," he replied, "but..."

I nodded my head to show that I understood what he wanted to say. As I spoke, his eyes were fixed* on my mouth. I realized then that he was hard of hearing* and must be reading my lips.*

"Our circumstances are very similar," I said pointing to him and then back to myself. "Yes, we both have white hair, but we have also suffered great misfortunes. You can see that I am a poor cripple.*"

He produced some paper and a pencil to make our conversation easier. I remember how awkward and embarrassed I was in writing down my share of the conversation. He easily guessed my meaning before I had finished writing it. He told me in a faltering* voice that he was not accustomed to being alone on Christmas day. To him, it had always been a time of celebration and festivity. I glanced at his dark suit, thinking that he might be in mourning* for a loved one.

"No," he said reading my thoughts. "I have not

lost anyone dear to me. It would be easier if I had."

So this was the beginning of my friendship with the deaf gentleman. His smile has brightened my life from that Christmas day. I have never felt happier than that moment. Since the day I spoke kindly to him, we have been close friends.

Every Christmas day we return to the same tavern to dine together. Our custom is to drink to each other after dinner and fondly* talk about our first meeting. But we always avoid discussing why he is alone at such a time.

Our friendship has grown stronger with the passing years. I believe only death will interrupt our annual meeting. It will surely be renewed when we have both passed into the afterlife.* Why we communicate so well I don't know, but I am no longer aware of his deafness.

He often takes walks with me. Even in crowded streets he understands my slightest* look or ges-

---

be of good heart 비관하지 않다, 기운을 내다　fix (눈, 시선을) 집중시키다
hard of hearing 귀가 어두운, 난청의　read one's lips 입 모양을 보고 말을 이해하다　cripple 장애자, 불구자　faltering 더듬거리는　in mourning 상복을 입은　fondly 다정하게, 사랑스럽게　afterlife 저승, 내세　slight 사소한

ture as though he could read my thoughts. We frequently select the same item or person to discuss. I cannot describe the pleasure we get from these coincidences. When this happens, his beaming* smile is enough to light the whole town.

He is a great thinker and has a lively imagination. Our friends are astonished by his wit and humor. His powers of concentration appear to be greater when he smokes his large, beautifully carved* pipe. A group of people gather each evening at the tobacconist's.* Numerous stories are told there about my friend's pipe and the grim* figures that are carved on its bowl.* My housekeeper is so superstitious* that she won't be left alone with it after dark. But I have my own theory about his pipe. I cannot help thinking* that it is connected to the event that first brought us together at the tavern. I remember that it was a long time before he even mentioned the pipe to me. When he did, he would grow* quiet and sad. I am no longer curious to know why he has it. All I know is that it brings him peace and comfort and for those reasons alone I am content.

Whatever sorrow or grief my dear friend has known in the past, he is now a calm and happy man.

There must have been a good reason why misfortune struck at this man's heart. When I see sadness in his gentle face I try to speak of happy and joyful things.

So that is my deaf gentleman friend. I remember him seated by the fire while smoking his favorite pipe. He would smile and raise his eyes to my clock just as it was about to strike. He seemed to divide his heart between us as he glanced at me then back to the clock. I would give anything for my dear friend to hear the old clock's voice.

We were sad and alone when we met. We chose to show concern and affection* and ignore any differences. We learned to trust each other. Now we will always be firm friends.

---

beaming 밝게 빛나는, 환한   carve 조각하다, 새기다   tobacconist's 담배 가게   grim 험상궂은, 무서운   bowl (담뱃대의) 대통   superstitious 미신의, 미신에 사로잡힌   cannot help ...ing ...하지 않을 수 없다   grow 점점 ...하게 되다   affection 애정, 우애

Christmas Festivities

*Who cannot feel the outpourings of
love and goodwill at this time of the year?
There is nothing more delightful
than a family Christmas party!*

Christmas time! Anyone who isn't excited by Christmas must dislike the rest of mankind. There are people who will tell you that Christmas is not what it used to be. Some will also say that they can't afford to[*] celebrate like they once did. Christmas is a time of love and hope, not the time for such dismal[*] thoughts.

Don't choose the merriest of the three hundred and sixty-five days for your sad memories. Don't despair if your room is smaller than it once was and your glass is filled with reeking[*] punch instead of sparkling[*] wine. Smile and take a drink. Then sing your favorite old Christmas song from earlier years and be thankful for what you have. Look at the merry faces of your children as they sit around the fire. If one little seat is empty, don't think sadly of the small child that once sat there. Count your blessings, of which everyone has many. Don't think about your past misfortunes, of which all people have some. Fill your glass again and, with a contented heart, drink to a merry Christmas and a happy New Year!

Who cannot feel the outpourings* of love and goodwill at this time of the year? There is nothing more delightful than a family Christmas party! The very name of Christmas is magical. Arguments and jealousies can be forgotten. It is the time for family members, who may have withheld* their affections because of false pride, to be reunited. The prejudices* and passions that can take over* our lives should never be used against those we should love! The spirit of Christmas should last all year!

The family Christmas party is not just a rare gathering of relations* organized in a week or two. It is an annual gathering of all the available members of the family, young or old, rich or poor. All the children are excited for months beforehand.* In past years it was held at grandpa's, but he and grandma are getting old and frail

---

can't afford to …할 여유가 없다   dismal 음울한, 어두운   reeking 악취를 풍기는   sparkling 불꽃을 튀기는, 거품이 이는   outpouring (감정, 사상의) 분출   withhold 억제하다   prejudice 편견, 선입관   take over 떠맡다, 장악하다   relation 친척 (관계), 일가   beforehand 미리, 사전에

Christmas Festivities

now. They have moved in with uncle George, so the party now takes place at his house. But grandma still supplies most of the good things and grandpa always walks happily down to the market to buy the turkey. It's always too heavy for him, so he pays a porter* to carry it home and rewards the man with a glass of ale.* Grandma becomes secretive and mysterious for two or three days before the family party. But it doesn't prevent rumors getting around about the gifts she has bought for the children and the servants.

Grandma is always in an excellent mood on Christmas Eve. The children spend the day stoning* the plums* for the pudding. Then grandma insists that uncle George stirs* it for half an hour before it is slowly boiled. The evening ends with an energetic game of blind-man's buff.*

The following morning, the old couple and most of the children go to church. Aunt George is left at home preparing the dining room for Christmas dinner. Uncle George organizes the bottles of wine, sherry,* ale and glasses for their visitors.

When the family returns from church, grandpa produces a small sprig* of mistletoe* from his

Grandpa produces a small sprig of mistletoe and encourages the boys to kiss their little cousins underneath it.

---

porter 짐꾼 ale 에일; 맥주의 일종 stone (과일의) 씨를 빼내다 plum 서양자두, 플럼 stir 휘젓다 blind-man's buff 까막잡기; 술래가 눈을 가리고 다른 사람을 잡는 놀이 sherry 셰리주; 스페인 남부산 백포도주 sprig 잔가지 mistletoe 겨우살이; 크리스마스 때 장식용으로 사용

pocket. He encourages the boys to kiss their little cousins underneath it. Grandma is upset by this lack of good taste.* Grandpa then tells the children how he first kissed grandma under the mistletoe when he was only thirteen. She always smiles and says he was a cheeky* young rascal!* Every year the children clap their hands and laugh at this story.

Grandma and grandpa sit by the fire telling stories to the children while they wait for their visitors to arrive. When uncle George hears a coach stop outside, he looks out the window.

"Here's Jane," he shouts, and rushes to open the door.

Uncle Robert and aunt Jane and their little baby are brought inside. Grandpa holds the child and grandma kisses her daughter, Jane. Soon after, other aunts, uncles and cousins arrive. The house is full of noisy talking, laughing, and merriment.

A quiet knock at the door is heard during a pause in the chatter.

"Who's that?" shout the younger children.

They look out the window.

"It's poor aunt Margaret," they announce.

Aunt George opens the door and welcomes her visitors. Grandma stands up stiffly.* She is unsure of how her daughter will treat her. Margaret married a poor man without her mother's consent. Her punishment has been a life of poverty without the support of her family or friends.

But Christmas has come round and the unkind feelings have melted away.* It's not difficult, in a moment of anger, for a parent to condemn a disobedient* child. But to banish* her from the family home at a time of goodwill and merriment is unthinkable. The old lady waits nervously to greet her daughter. Margaret is pale and drawn* when aunt George shows her into the room. It is plain* to see that her mother's neglect and unkindness have broken her spirit. There is a short pause before the sobbing* girl suddenly throws herself into her mother's arms. Her father quickly steps forward and shakes her husband's hand. Friends crowd around the young couple to

---

taste 취미, 기호 cheeky 뻔뻔스런 rascal 악동, 장난꾸러기 stiffly 뻣뻣하게, 경직되어 melt away 차츰 (녹아) 없어지다 disobedient 복종하지 않는 banish 추방하다, 내쫓다 drawn (얼굴을) 찡그린 plain 분명한 sobbing 흐느껴 우는

offer their hearty* congratulations.

The dinner is perfectly delightful. Nothing goes wrong, and everybody is in the very best of spirits. Grandpa tells the story about buying the turkey and recalls all the others he has bought for past Christmases. Uncle George tells stories too, while he carves the meat and drinks his wine. He jokes with the children and winks at the cousins and entertains* everybody with his good humor and hospitality.* When a servant staggers* in with the gigantic* plum pudding,* there is laughing and shouting and clapping of hands. The amazing sight of burning brandy poured onto mince pies is rewarded with even louder applause. When the dessert and the wine are finished, the fun begins!

Wonderful speeches are made. Merry songs flow from the lips of aunt Margaret's husband.

He is very polite and attentive[*] to grandma and so she accepts him. A young cousin has been in disgrace with[*] the old people for forgetting his manners and drinking ale. But he astonishes everybody by singing some amazingly comical songs. Even grandpa sings his annual song with unexpected energy. This year, when he is asked for an encore,[*] he surprises everyone with a new one that only grandma has heard before.

When the evening is over, the guests depart. They take with them the love, goodwill and cheerfulness they have enjoyed together. Within their hearts is a determination to be kind and helpful and treat every day like Christmas Day.

And to conclude this story, we wish each and every one of you a very merry Christmas and a happy and prosperous New Year!

---

hearty 진심에서 우러난 **entertain** 대접하다 **hospitality** 환대, 후한 대접
stagger 비틀거리다 **gigantic** 거대한 **plum pudding** 플럼 푸딩: Christmas pudding이라고도 하며 커스터드 크림과 함께 먹거나 브랜디를 부어 불을 붙여 먹기도 함
attentive 주의 깊은 **in disgrace with** …의 눈 밖에 난 **encore** 앙코르, 재청

The Seven Poor Travelers

*If the goodwill of Christmas were practiced all year,
the world would be a much better place.*

Chapter 1
In the Old City of Rochester

Strictly speaking, there were only Six Poor Travelers. But I was a traveler myself, and poor, so I brought the number up to seven. Let me explain. It all began with the following inscription,* which I found above the door of an old house.

Richard Watts founded this Charity* in 1579 for Six Poor Travelers. They will each receive free for one night, Lodging, Entertainment, and Fourpence.* No Rogues* or Proctors* will be admitted.

I stood reading this inscription one Christmas Eve in the ancient city of Rochester in Kent. I had been wandering about the neighboring cathedral and had seen the tomb of Richard Watts. I asked the verger* the way to Watts's charity. It was close-by,* so I hurried there and that is where I read the inscription above the old door.

"Now," I said, "I know I'm not a proctor, but I wonder whether I'm a rogue!" I thought back over* my life. I had not always behaved well, but I was certainly not a rogue. What I was, at that moment, was a weary traveler looking for a place to stay. Richard Watts had established his charity for people just like me. I stepped backward into the road to survey the house. It was old but well kept with an arched door, long low windows, and a three gabled* roof. I was very pleased with the property and its position in the town. While I was happily admiring it, one of the upstairs windows was pushed open. An elderly woman looked out.

"Do you wish to see the house?" she asked.

"Yes, please," I called back.

The front door opened and she showed me into a room with a very low ceiling. I had to bend my head as I entered.

---

inscription (어구를) 새기기[새긴 것]   charity 자선 (시설)   fourpence (옛날의) 4펜스 은화   rogue 부랑자, 악당   proctor 구호금 모금인; 엘리자베스 여왕 시대에 합법적으로 구호금을 모금했던 사람을 일컫는 말   verger 성당지기   close-by 가까운, 인접한   think back over 곰곰이 회고하다   gabled 박공 구조의, 박공이 있는

The Seven Poor Travelers _ Chapter 1

"This," she said, "is where the travelers sit by the fire. They cook what little food they can buy with their fourpences."

"Oh! But what about entertainment?" I said. I remembered the inscription that promised "lodging, entertainment, and fourpence each."

"A fire is provided," she said, "and cooking utensils.* And on this board are the rules regarding* behavior. The travelers must first get their tickets from the steward over the way.* Then they are given their fourpences. Sometimes one traveler buys a rasher* of bacon, and another a herring,* and another a pound of potatoes. Sometimes two or three will put their food together and make a supper that way. But you can't buy much for fourpence at present,* when food is so expensive."

I had been admiring the snug* fireplace and the overhead beams.

"That is true," I said, "but it looks very comfortable in here."

"It's inconvenient," said the woman.

I thought it was marvelous that she cared so much about carrying out* Richard Watts's wishes. But to me the room looked very comfortable.

"No, ma'am," I said, "I'm sure it is warm in winter and cool in summer. It has a homely* and restful look. The fireside is remarkably cozy.* A glimpse of it from the street on a winter's night would warm the heart of any man. And I'm certain it is convenient for the Six Poor Travelers…"

"I don't mean them," she said. "It is an inconvenience to myself and my daughter. We have no other room to sit in at night."

There was another room of the same size directly opposite. I asked what it was used for.

"That," she said, "is the Board Room.* The gentlemen who run the charity have their meetings in there."

From the street, I had counted six upper windows besides those on the ground floor.*

"Do the Six Poor Travelers sleep upstairs?" I said.

"They sleep," she said, shaking her head, "in two little rooms out the back. Since the charity was founded, the beds have always been out

---

utensil 기구, 용구 regarding …에 관해서 over the way 길 건너편에
rasher 베이컨(햄)의 얇은 조각 herring 청어 at present 요즘에, 현재
snug 아늑한 carry out 실행하다 homely 가정적인, 제집 같은 cozy 편안한, 기분 좋은 board room (이사회 등의) 회의실 ground floor (건물의) 1층

there."

The woman took me to see the bedrooms. They were very small but neat and clean. She told me that the six beds were occupied every night of the year.

"Ma'am," I said, "could I see these travelers?"

"No," she said angrily, "it's not possible!"

"Not tonight, if it's not convenient!" I said.

"Well," she answered, "nobody has ever asked to see them and nobody has ever seen them."

I am not easily discouraged, so I urged the good woman to let me meet them.

"Christmas comes only once a year," I said, "which is such a shame. If the goodwill of Christmas were practiced all year, the world would be a much better place. I would like to treat these travelers to supper and a warm, mulled wine* to keep out the cold."

In the end, to my great joy,* she agreed. At nine o'clock that night I would host a supper of turkey and roast beef for the Six Poor Travelers.

I went back to my inn to make arrangements for the delivery of the turkey and beef. For the rest of the day I could think of nothing else but the Poor Travelers. I pictured* them making their way through the cold, icy weather to their evening resting place. They would be surprised to see the supper that awaited them. I painted their portraits in my mind. They would be tired and footsore.* The packs and bundles they carried would become heavier and heavier. They would lean on their bent sticks as they looked at the signposts to decide which direction to take. Some might lose their way and worry about freezing to death* overnight. I took my hat and went out. I climbed to the top of the old castle hoping to glimpse a traveler or two on the distant path.

At seven o'clock I returned to my room at the inn. A delicious smell of turkey and roast beef drifted through my window from the kitchen across the courtyard.* Eight o'clock arrived and I began to prepare the warm mulled wine in a large, brown earthenware* jug.* On the stroke of nine, I set out for* Watts's charity, carrying my brown jug in my arms. The supper arrived with

---

mulled wine 멀드 와인; 적포도주에 설탕과 각종 향료를 넣고 데운 와인 to one's joy …가 기쁘게도 picture 마음속에 그리다 footsore (많이 걸어서) 발이 아픈 freeze to death 얼어 죽다 courtyard (성, 호텔 등의) 안뜰 earthenware 질그릇, 오지그릇 jug 물주전자 set out for …을 향해 출발하다

me, all carried by the staff from the inn. A young man was to deliver the plum puddings when he heard my whistle.

When I got to Watts's charity, the travelers had all arrived. The table was laid and a roaring* fire warmed the room. I placed my jug full of mulled wine by the fire where it could warm up. Then I introduced myself to my guests. I shook their hands and gave them a hearty welcome. I sat at one end of the table and the elderly woman sat facing me at the other. The travelers filled the other chairs.

I will now describe each traveler. The first traveler was, of course, myself. The second was a man with his right arm in a sling.* He smelt of clean wood. I thought he might have once been a shipbuilder. The third was a little sailor-boy.* He had thick brown hair and large dark eyes. A shabby, but seemingly well-bred* gentleman was the fourth traveler. He wore a threadbare* black suit and his waistcoat was held together with red tape. A bundle of untidy legal papers poked out of his breast pocket. The fifth traveler was obviously a foreigner by birth,* but he spoke like an Englishman. He carried his pipe in the band* of his hat. He was eager to tell me he was a watchmaker from Geneva and had visited many of the countries of Europe. A little widow* was the sixth traveler. She was still very young and was remarkably timid, scared, and solitary. Her beauty had disappeared from the sorrow of losing her husband so early in her marriage. The seventh and last traveler was a bookseller. He had a supply of pamphlets and booklets with him. He boasted that he could remember all the verses he had ever read.

I never saw a finer turkey or joint of beef or plum pudding. My travelers ate everything set before them. It made me happy to see how their faces softened and mellowed* from the heat of the food, drink and fire. When supper was over and my mulled wine was on the table, my new friends urged me to take the chair closest to the fire. I declined. So the travelers settled themselves on either side of me. I poked the fire with a heavy stick and a brilliant shower of sparks

---

roaring (불길이) 활활 타오르는 sling (다친 팔을 어깨와 묶어 고정하는) 삼각 붕대
sailor-boy 소년(견습) 선원 well-bred 교육을 잘 받은, 예절 바른 threadbare
(옷이) 너덜너덜한, 낡은 by birth 태생은, 출생은 band (모자의) 테, 띠 widow
과부, 미망인 mellow 부드러워지다

rushed up the chimney. I filled the glasses with my mulled wine and toasted my travelers.

"Merry Christmas, my friends," I said, lifting my glass. "Peace on Earth and goodwill to all men!"

We then drank to the memory of the good Master Richard Watts.

"Now is the time for story-telling," I said. "Our whole life is a story with twists and turns* and ups and downs.* Sometimes we can't tell what is fact and what is fiction.* Often, it is only when an incident has ended that we can see it in a clear light.* So, shall I tell you a story while we sit here?"

They all answered, yes. I sat thinking and watching the fire for a moment. It was then I thought I saw Master Richard Watts's face through the smoke as it curled up* the chimney. I had little to tell them, but I was bound* by my offer and so I began my story.

Chapter 2
The Story of Richard Doubledick

In the year seventeen hundred and ninety-nine, a relative of mine came limping* into town. He was a poor traveler with no money in his pocket. He sat by this very fireside and slept in one of the beds you will occupy tonight. He came here to enlist in* a cavalry* regiment.* His intention was to get shot and die. He wasn't fond of walking and thought he may as well ride to his death.

His name was Richard, but he was better known as Dick. On his way here he changed his surname to Doubledick. He stood* five foot ten tall and was twenty-two years old. He told everyone that he came from Exmouth. In fact he had never been to Exmouth! There was no cavalry

---

twists and turns 우여곡절 ups and downs (인생의) 부침, 흥망성쇠 fiction 허구, 소설 in a clear light 또렷하게 curl up 말려 올라가다 bind (약속, 의무로) 속박하다 limp 절뚝거리다 enlist in …에 입대하려고 지원하다 cavalry 기병대 regiment 연대 stand (키가) …이다

here when he limped over the bridge in his bare feet. So he enlisted in another regiment and was glad to get drunk and forget all about it.

He had behaved badly but his heart was in the right place. He had been engaged to a good and beautiful girl. He thought he loved her more than she did him.

After one dreadful incident she said to him, "Richard, I will never marry another man. I will remain single for your sake, but I will never speak to you again. Go, Richard! Heaven forgive you!" This brought him here. It made him Private* Richard Doubledick, with a determination to be shot."

Private Richard Doubledick was the most reckless soldier in the barracks.* He was seldom sober* and mixed with the worst members of his regiment. It became clear to everyone that he would soon be punished.

The captain of his company* was a young man of twenty-seven. His bright, handsome, dark eyes affected my relative in a very remarkable way. You might call them laughing eyes, but when they were serious they were able to control Private Doubledick.

Whenever Captain Taunton's eyes looked at him, he felt ashamed. He was confused and would rather turn around and travel a greater distance just to avoid those eyes. After spending two days drinking in the Black Hole Inn, he was ordered to Captain Taunton's quarters.* He smelled of ale and his clothes were dirty but he could not disobey the orders. He went up to the terrace* where the officers' quarters were.

"Come in!" called the captain. Private Doubledick took off his cap and entered the room. He felt very self-conscious as he stood in the light of the dark, bright eyes.

"Doubledick," said the captain, "do you know where you are going?"

"To the devil,* sir?" answered Doubledick.

"Yes," said the captain, "and very fast. Doubledick, I entered His Majesty's* service as a boy of seventeen. I have seen many men of promise* going down the road to ruin. But I have never felt such pain as I do when seeing you take

---

private 이등병 barracks 막사, 병영 sober 술 취하지 않은, 맑은 정신의 company 중대 quarters 막사 terrace (경사지를 층층으로 깎은) 단지, 테라스식 주택가(언덕에 계단식으로 늘어선 집들) go to the devil 파멸하다 His Majesty (국왕에 대한 호칭) 폐하 of promise 전도유망한

that same shameful journey."

"I am only a common soldier, sir," said Doubledick. "It doesn't matter* what happens to a poor brute* like me."

"You are an educated man," said the captain, "from a good family. I cannot believe you see yourself as worthless. I want you to reconsider your future."

"I hope to get shot soon, sir," said Doubledick. "Then the regiment and the world will be rid of* me."

Doubledick looked up into the eyes that had so strong an influence over him. He felt faint* and put his hand over his eyes to avoid Captain Taunton' gaze.

"Do you have a mother, Doubledick?" said the captain.

"I am thankful, sir," said Doubledick, "to say she is dead."

"Surely," said the captain, "it would be better to be praised through the whole regiment, through the whole army, through the whole country. You would wish she had lived to say, with pride and joy, 'He is my son!'"

"Oh sir," said Doubledick, "she never heard

anything good about me. Love and compassion* she might have had, but she was never proud to be my mother. Spare me, sir! I am a broken* man and at your mercy!*" He turned his face to the wall.

"My friend..." said the captain.

"God bless you, sir!" sobbed Private Richard Doubledick.

"You are at a crisis* in your life," said the captain, "so you must choose the right path. You will be severely punished if you continue to disobey orders. Your crying tells me you couldn't bear that punishment. Stay strong, or you will be forever lost."

"I believe you, sir," said Private Doubledick.

"But any man," said the young captain, "can earn self-respect* by doing his duty. In these stormy* times he will be seen by sympathetic witnesses as he does his duty. Try to change now while you still have the will to do so."

"I will!" cried Richard. "I ask for only one wit-

---

matter 중요하다 brute 짐승, 짐승 같은 사람 be rid of …을 면하다(벗어나다)
faint 기절할 듯한, 정신이 아찔한 compassion 동정(심), 연민 broken 파멸한,
파탄 난 at one's mercy …의 마음(처분)대로 be at a crisis 위기에 처해 있
다 self-respect 자존심 stormy 폭풍우의, 폭풍우 같은

The Seven Poor Travelers _ Chapter 2

ness, sir."

"I understand," said the captain, "and I will be a watchful and faithful one."

I have heard from Private Richard Doubledick's own lips that he knelt down and kissed the officer's hand. And when he stood up he knew that the captain's influence had made him a better man. In the year eighteen hundred, Captain Taunton's regiment was stationed* in India. And always at his side through every battle was the famous soldier, Sergeant* Richard Doubledick. He was known to be brave, loyal and true.

In eighteen hundred and five the regiment encountered some fierce fighting in India. Sergeant-Major* Doubledick fought his way* through enemy lines to recover his regiment's flags, which had been stolen. He then rescued his captain, who had been wounded and fallen from his horse. For his heroic deeds he was promoted to the rank of Ensign.*

The old flags were badly damaged but the bravery shown by Ensign Doubledick in rescuing them inspired all the regiment to faithfully follow him into battle. The exploits* of Major* Taunton, with the dark, bright eyes, and Ensign

Richard Doubledick, who was devoted to him, became legendary.* It is said that wherever they went, the bravest spirits in the English army would always follow.

One day, during a fierce battle at Badajos, the two friends came face to face with a party of French infantry.* Doubledick noticed their leading officer waving his sword and rallying* his men. Major Taunton was severely wounded when the enemy soldiers fired on them. The regiment returned the enemy's fire and the battle was soon won. It was only then that Doubledick returned to his mortally* wounded best friend.

"Dear Doubledick," said Major Taunton, "I am dying."

"For the love of Heaven, no!" exclaimed Doubledick, kneeling down beside him. "Taunton! My guardian angel,* my witness, my friend and the kindest of men! For God's sake!*"

Taunton's face was pale, but his dark eyes still shone brightly on Doubledick.

---

station 배치하다 sergeant 병장 sergeant-major 원사, 특무상사 fight one's way 싸우며 나아가다 ensign 소위 exploit 공적 major 소령 legendary 전설적인, 유명한 infantry 보병(대) rally 불러모으다 mortally 치명적으로 guardian angel 수호천사 For God's sake! 제발!

"When you return home," he said, "write to my mother. Tell her how we became friends. It will comfort her, as it comforts me."

He spoke no more, but smiled again at his Ensign. Then he closed his eyes and turned his face away* and peacefully took his last breath.* Ensign Richard Doubledick buried his friend that day and became a sad and lonely man. He continued to do his duty but he now had only two real desires. The first was to deliver a lock* of Major Taunton's hair to his mother. The second was to meet the French officer who had ordered his troops to shoot and kill his dear friend.

A new legend began to circulate* among our troops. It said that when Lieutenant Doubledick met the French officer there would be weeping in France. The war went on. Doubledick fought bravely but never found the French officer. At the battle of Toulouse, in eighteen hundred and fourteen, he was severely wounded and sent home.

Although he was weak and in pain, he hurried to visit Taunton's mother and deliver the lock of hair. It was a Sunday evening and she was sitting at her window reading the Bible. He knocked at her door and as soon as she saw him, she knew why he had come. Tears flowed from her bright, dark eyes as he told her of her son's death.

"He saved me from ruin," said Doubledick, "and made me a decent* man. Oh, God bless him! He will, I know He will!"

"He will!" Mrs. Taunton said. "I know my darling boy is in heaven!"

The only person Doubledick had ever revealed his past to was Major Taunton. But that night he remembered the words he had cherished* for two years. "Tell her how we became friends. It will comfort her, as it comforts me." So he told Mrs. Taunton everything about his previous life. It seemed to him that in his middle years he had found a mother. To her it seemed that in her sorrow she had found a son. He stayed with her while he recovered from his injuries. When it came time for him to return to his regiment, he did so with her blessing.*

He stood with his men on the field of Waterloo

---

turn one's face away 외면하다 take one's last breath 숨을 거두다, 사망하다 lock 머리의 타래, 머리채 circulate (소문, 이야기가) 퍼지다 decent 의젓한, 단정한, 예절 바른 cherish 마음에 품다 with one's blessing …의 성공(행운) 기원과 함께, …의 찬성을 얻어

in the drizzle* of a June morning. His famous regiment was in action* early in the battle. They fought bravely, but for the first time in its history, the regiment was pushed back. When Lieutenant Doubledick was seen to fall, his men rallied to avenge* him. Through pools of mud and over deep ditches,* they chased the enemy and bombarded* them with artillery fire. They carried their wounded and dying with them on makeshift* wagons.

The seriously wounded Lieutenant Richard Doubledick was taken to Brussels where he lay for weeks in a coma.* When the triumphant troops marched into Brussels, the people of the city flocked to welcome them and celebrate their victories.

Gradually Lieutenant Richard Doubledick came back to life.* He went in and out of consciousness* and dreamed of his younger days. One day he awoke to a beautiful, calm, autumn sunset. His room was fresh and quiet with a large window open to the balcony. He could see the trees moving in the breeze and smell the sweet flowers. It was so tranquil and so lovely that he thought he had died and gone to heaven.

"Taunton, are you near me?" he whispered.

A face bent over him. It was a woman's face but it was not his mother's.

"I came to nurse you weeks ago," said Mrs. Taunton. "Do you remember anything?"

"Nothing," he said.

She kissed his cheek and held his hand, soothing* him.

"Where is my regiment?" he said. "What has happened? Please let me call you mother. What has happened, Mother?"

"The war is won, dear," she said, "and your regiment was the bravest in the field."

His lips trembled and tears ran down his face. He was too weak to wipe them away.

"Was it dark just now?" he asked.

"No," she said.

"Something like a black shadow has just left me," he said. "But as the blessed sun touched my face, I thought I saw a light white cloud leave the room. Was there nothing that went out?"

---

drizzle 가랑비 **in action** 전투 중인 **avenge** 복수하다 **ditch** 도랑, 참호 **bombard** 포격(폭격)하다 **makeshift** 임시변통의 **in a coma** 혼수 상태에 빠져 있는 **come back to life** 회복하다, 의식을 되찾다 **go in and out of consciousness** 의식이 오락가락하다 **soothe** 위로하다

She shook her head and held his hand. In a little while he fell asleep.

From that time, he slowly recovered. He had a severe head wound and had been shot in the chest. One day he woke up refreshed,* but the curtain was still drawn* around his bed. He called for Mrs. Taunton to read to him. It was then he heard another woman's voice.

"Can you bear to* see a stranger?" she said softly.

"Stranger!" he said. The voice brought back* memories of his life before the army.

"I was not a stranger once," she said. "Richard, dear Richard, we have lost so much precious time."

"Mary," he cried. At once she held him in her arms.*

"These are no longer Mary Marshall's lips that speak to you," she said. "I am married."

He looked into her beautiful face that was wet with tears

"Think, Richard," she said. "Are you sure you have not heard my new name?"

"No, never!" he said in despair.*

"Dear Richard," said Mary, "let me tell you my

story. For years I have loved a generous, noble man with all my heart. He was a brave soldier and I didn't know if he was dead or alive. He was honored and loved by thousands. The mother of his dearest friend found me. She told me that he had never forgotten me and I should hurry to his side. He was wounded in a great battle and brought here to Brussels. He bore his suffering with hardly a murmur,* while I nursed and watched over him. When he was close to death* he married me so he could call me his wife before he died. And the name, my dear love, that I took on that night..."

"I know it now!" he sobbed. "I thank Heaven that my memory is restored! My friend's last words have been fulfilled. I have returned home!"

Doubledick's recovery was a long one, but he and Mary were just happy to be together. In early spring he was strong enough to take a carriage ride. The townspeople were excited to see

---

refresh (음식물, 휴식 따위로) 원기를 회복시키다 **draw** (커튼을) 치다 **bear to +동사원형** …하는 걸 견디다 **bring back** (기억 따위를) 상기시키다 **hold... in one's arms** …을 품에 안다 **in despair** 절망에 빠져 **murmur** 중얼거림 **close to death** 죽어 가는, 죽을 뻔한

him again and crowded into* the streets to cheer him. Captain Doubledick and Mary moved to the south of France to complete his recovery. After six months they returned to England. Mrs. Taunton chose to return to France for a year. Although she had grown old, her bright, dark

"Richard, we have lost so much precious time," said Mary, his old flame.

eyes had not dimmed.* Captain Richard Doubledick was now a strong and handsome man. He planned to travel to France and escort her home at the end of the year."

Mrs. Taunton rented a farmhouse and soon became friends with a once prosperous local family. She stayed with them in their chateau* for the final month of her holiday. The head of this family sent Captain Richard Doubledick an invitation to join them for a few days.

Captain Doubledick sent a courteous* reply, and accepted his offer. When he traveled through France after three years of peace, he was amazed at the change in the countryside. The fields were full of crops, not trodden* underfoot* by men at war. The smoke rose up from peaceful hearths,* not blazing* ruins.

He arrived at the chateau on a deep blue evening. It was a large building with round towers and a high roof. The numerous windows were all open after the heat of the day. The

---

crowd into (사람들이) …로 밀려들다 dim 흐릿해지다, 어둠침침해지다
chateau (프랑스의) 성, 저택 courteous 예의 바른, 정중한 trodden 짓밟힌
underfoot 발 밑에, 발에 짓밟혀 hearth 난로, 난롯가 blazing 불타는, 불타는 듯한

entrance doors were open but Captain Doubledick could not see a bell or doorknocker. He walked into a large, dark, and refreshingly cool, stone hall."

"Well," he thought, "this is a ghostly beginning!"

Suddenly he felt someone's eyes on him and looked up to the gallery* above. He was shocked to see the French officer whose face he had carried in his mind for so long. The man rushed down the staircase to meet him.

"Monsieur le Capitaine Richard Doubledick?" he said. "Enchanted* to meet you! A thousand apologies!* The servants are all outside enjoying a little party in the garden. It is for my daughter's birthday."

He was so gracious* and welcoming that Doubledick could not refuse to shake his hand.

"It is the hand of a brave Englishman," said the French officer. "I would respect a brave Englishman even as my enemy, but much more* as my friend! I also am a soldier."

"He has not remembered me," thought Captain Doubledick. "How can I possibly tell him?"

The French officer led his guest into the garden

to meet his wife who was sitting with Mrs. Taunton. His young daughter came running to embrace him. A little boy stumbled* down some steps as he rushed to grab his father's legs. Children were jumping to the lively music and all the chateau's servants and peasants were dancing. It was a scene of innocent happiness. Doubledick looked on, greatly troubled in his mind. A loud bell rang, and the French officer offered to show him his rooms. They went upstairs to the gallery. Monsieur le Capitaine Richard Doubledick was shown into a large well-furnished* room.

"You were at Waterloo," said the French officer.

"I was," said Captain Richard Doubledick. "And at Badajos."

He was then left alone to freshen up* after his long journey.

"What will I do, and how will I tell him?" he thought. "How can I avoid this officer's hospitality? And how can I tell his mother?" He knew

---

gallery 회랑, 주랑; 지붕이 있고 죽 이어진 복도 enchanted 황홀한, 대단히 기쁜
A thousand apologies! 대단히 죄송합니다! gracious 정중한 much more 하물며, 더군다나 stumble 비틀비틀 걷다 well-furnished 가구가 잘 갖춰진 freshen up 활기(생기)를 띠게 하다

The Seven Poor Travelers _ Chapter 2

duels* had been fought between English and French officers because of the war.

There was a sudden knock on his door. He opened it to see Mrs. Taunton standing there.

"I am sure," she said, when he let her in, "that you and our host will become lifelong* friends. He is so generous, Richard, that you can only like him. If my son were still alive he would have enjoyed his company,* too. He would have been truly happy that the evil days that made such a man his enemy were past. Now I must go and get ready for dinner."

He closed the door behind her. Then he whispered, "Spirit of my departed* friend, are you helping me have these better thoughts? Is it you who has shown me that I was destined to* meet this man? Did you send your mother to calm* my angry thoughts? Do you whisper that this man did his duty as you did?"

He sat down with his head in his hands. When he stood up, he had made a decision. He would never allow the French officer, Mrs. Taunton, or anyone else, to know what he knew. Later, as Richard Doubledick and the French officer touched glasses in a toast,* he secretly forgave him.

Since then, the son of Major Richard Doubledick and the son of the French officer have fought side by side* in one cause.* England and France were like brothers who had been divided by their differences. Now the better times have reunited* them.

---

duel 결투 lifelong 평생의 company 교제, 사귐 departed 죽은, 타계한 be destined to …할 운명이다 calm 가라앉히다, 진정시키다 touch glasses in a toast 잔을 부딪쳐 건배하다 side by side 나란히, 협력하여 in one cause 하나의 목적을(대의를) 위해 reunite 재결합시키다

Chapter 3
The Road

It was midnight when I finished my story. The mulled wine had all been drunk and the travelers were beginning to yawn. I arranged to meet them all for hot coffee at seven in the morning.

I had a very bad night. It wasn't the food or the drink but the face of Master Richard Watts, which haunted* my sleep and kept me awake. The only way I could rid myself of* his face was to get out of bed at six o'clock. It was cold and only one candle burned in our supper-room. My travelers had all slept soundly.* They gratefully drank the hot coffee and ate the bread and butter for breakfast. Just before the sun rose, we went into the street to say our goodbyes and shake hands.

The young widow took the little sailor toward Chatham where he was to find a steamboat* for Sheerness. The lawyer went his own way without announcing his intentions. Two more travelers went in the direction of* the cathedral and old castle. The bookseller and I walked over the bridge together. We parted* on the other side and I continued my journey through Cobham Woods toward London.

The mists began to rise and the sun shone as I walked on* through the chilly air. The hoarfrost* twinkled* all around me. How could I watch children at play* and not love them? Each garden I passed sparkled in the light of the new day. I felt as if all Nature shared in the joy of Christ's birthday.

Thus, Christmas surrounded me until I came to Blackheath. I walked down a long row of trees in Greenwich Park. The mists again closed in* as I made my way toward the bright lights of London. My own fire was brighter as it reflected the faces of my family when we came together to celebrate Christmas Day. That night I told them my story of worthy Master Richard Watts, and of my supper with the Six Poor Travelers. I have never seen one of them again.

---

haunt (유령이) 출몰하다 rid oneself of …에서 벗어나다 soundly (잠을 잘 때) 깊이, 푹 steamboat 기선, 증기선 in the direction of …의 방향으로 part 헤어지다 walk on 계속 걷다 hoarfrost (흰)서리 twinkle 반짝거리다 at play 놀고 있는 close in 다가오다

The Seven Poor Travelers _ Chapter 3 | 173

명작
우리글로
다시읽기

A CHRISTMAS CAROL
& OTHER STORIES
CHARLES JOHN HUFFAM DICKENS

1장
말리의 유령

P. 14 무엇보다도 말리가 세상을 떠났다는 건 틀림없는 사실이었다. 목사와 교회 서기, 장의사, 그리고 에버니저 스크루지까지 모두가 그의 사망확인서에 서명을 했으니까 말이다. 말리 영감은 분명히 죽었다.

말리와 스크루지는 오랫동안 동업을 해 온 사이었다. 스크루지는 말리의 유언 집행인이었고, 그의 유일한 친구이자 조문객이었다. 또한 각종 청구서들과 세금을 전부 정산하고 남은 말리의 재산도 대부분 스크루지가 상속했다. 스크루지는 말리의 죽음에 대해 크게 애통해하지 않았고 말리의 장례식이 치러진 날에도 평소처럼 영업을 계속했다. 말리의 장례식 이야기를 하다 보니 맨 처음에 내가 강조하고자 했던 사실이 다시 떠오른다. 말리가 세상을 떠났다는 건 틀림없었다. 이 점을 염두에 두어야 한다. 그렇지 않으면 지금부터 내가 하는 이야기가 별로 신기하지 않을 테니까 말이다.

스크루지는 수전노였다. 어찌나 인색한지 상점 문 위에 걸려 있는 문패에서 말리의 이름을 지우지도 않았다.

P. 15 '스크루지 앤드 말리'라는 문패는 그 후로도 오랫동안 그대로 걸려 있었다.

그는 냉혹하고 고집이 센 노인으로, 뾰족코에다가 뺨은 주름으로 쭈글쭈글했고 입술은 얇고 파르스름했다. 눈에는 핏발이 서 있었고 목소리는 드세고 귀에 거슬렸다. 그의 목소리를 들으면 뼛속까지 얼어붙는 것 같았다. 그는 사무실에 난방을 하지 않았다. 심지어 한겨울로 접어들고 크리스마스 때가 되어도 그의 사무실은 얼음장 같은 냉기가 감돌았다. 바깥 날씨가 춥든 덥든 스크루지에게는 아무런 영향을 주지 않았다. 어떤 열기에도 그는 더위를 타지 않았고 어떤 겨울 날씨에도 그는 떨지 않았다. 아무리 매서운 바람도 그보다 더 차갑지는 않았다. 그의 안부를 물었던 사람은 없었고 집으로 그를 초대했던 사람도 없었다. 걸인들도 그에게는 구걸을 하지 않았고, 시간을 물어보는 아이들도 없었으며 남자건 여자건 그에게 길을 물어보는 사람도 없었다. 심지어 맹인들의 안내견도 그를 알고 있는 듯했다. 그가 다가

오는 모습을 보면 금세 주인을 문간으로 끌고 들어가 그와 마주치는 것을 피하곤 했다.

P. 16 스크루지는 전혀 개의치 않았다! 그는 사람들이 자기를 피해 숨는 것을 오히려 반기는 편이었다. 누구의 방해도 받지 않고 돈을 모으는 일을 계속할 수 있기 때문이었다. 하지만 그 돈을 한 푼이라도 쓰는 법이 없었다!

어느 크리스마스 이브, 에버니저 스크루지는 사무실에서 분주하게 일하고 있었다. 오후 3시가 막 지난 무렵이었다. 안개가 자욱이 깔리고 밖은 이미 어둑어둑했다. 그는 창가로 사람들이 지나가는 소리를 들었다. 사람들은 몸을 덥히기 위해 손뼉을 치고 발을 동동 구르고 있었다. 혹독한 추위와 안개 때문에 사람들은 기침을 하고 씨근거리는 숨소리를 내고 있었다. 그들의 집은 습기로 눅눅했고 여느 때보다 훨씬 추웠다.

스크루지의 사무실 문은 작고 음침한 방 쪽으로 열려 있었는데, 그곳에는 그를 위해 편지를 옮겨 적는 일을 하는 서기가 앉아 있었다. 스크루지의 사무실 안에는 거의 꺼질 듯한 난롯불이 피워져 있었다. 서기의 난롯불은 그보다도 훨씬 작았지만, 그 이상 불을 때는 것은 허용되지 않았다. 서기는 몸의 온기를 유지하기 위해 자신이 갖고 있는 옷가지를 전부 껴입고 있었다. 이따금씩 그는 하나뿐인 촛불 위로 손을 뻗어 언 손가락을 녹이곤 했다. 그래도 추위 때문에 몸이 계속 떨렸다.

"외삼촌, 메리 크리스마스! 하나님의 은총을 빕니다!" 스크루지의 조카가 사무실로 들어오면서 외쳤다.

P. 17 아주 급히 걸어온 탓에 그의 얼굴은 빨갛게 달아올라 있었다. 그는 가쁜 숨을 몰아 쉬고 있었지만 들뜬 기분으로 눈이 반짝거렸다.

"흥, 크리스마스는 다 쓸데없는 짓이야!" 스크루지가 말했다.

"외삼촌, 크리스마스가 쓸데없다니요, 진심이 아니시죠." 조카가 말했다.

"아니, 진심이다. 메리 크리스마스라고, 기가 막혀서! 뭐가 그렇게 신나냐? 가난뱅이 주제에!" 스크루지가 말했다.

"외삼촌은 왜 그렇게 못마땅해하시고 시무룩하세요? 외삼촌은 부자이시잖아요." 조카가 말했다.

"흥! 쓸데없이!" 대답이 궁해진 스크루지가 떠올릴 수 있는 말은 이것뿐이었다.

"그렇게 짜증내지 마세요, 외삼촌!" 조카가 말했다.

"세상에 온통 멍청이들만 득실거리는데 내가 짜증을 안 내게 생겼냐? 메리 크리스마스라고, 기가 막혀서! 그래, 네 녀석한테는 없는 형편에 쓸데없이 선물들이며 음식에다 돈을 써대는 게 크리스마스겠지! 메리 크리스마스 따위를 외쳐대는 멍청이들은 하나같이 산 채로 삶아서 호랑가시나무 꼬챙이로 심장을 꿰어 묻어 버려야 해!" 스크루지가 말했다.

P. 18 "전 언제나 크리스마스가 다른 사람들을 용서하고 인정과 자비를 베푸는 때라고 생각해 왔어요. 크리스마스는 모든 사람들이 자신보다 더 어려운 처지에 있는 사람들에게 마음을 열고 대문을 활짝 여는 때이죠. 제게 돈 한 푼 안 생겨도 상관없어요. 그렇게 하는 게 제게 이롭다고 믿으니까요. 그래서 저는 하나님이 크리스마스를 축복해 주시길 바라는 거예요!" 조카가 말했다.

"말은 번드르르하게 잘 하는구나. 네 녀석이 국회의원이 아닌 게 신기하다." 스크루지가 말했다.

"그렇게 언짢게 생각하시지만 말고요, 외삼촌. 내일 저희 집에 오셔서 성탄절 만찬을 함께 하세요." 조카가 말했다.

"도대체 결혼은 왜 한 거냐?" 스크루지가 물었다.

"사랑했으니까요." 조카가 대답했다.

"사랑해서라고! 메리 크리스마스라는 소리보다 더 웃기는 소리구나. 조카야, 잘 가거라!" 스크루지가 말했다.

"제가 외삼촌에게 뭘 바라는 게 아녜요. 아무것도 원하지 않아요. 왜 우린 사이좋게 지낼 수 없는 건가요?" 조카가 말했다.

"조카야, 네 멋대로 크리스마스를 즐기든지 하고 그만 가 보거라." 스크루지가 말했다.

"그렇게 홀로 계시겠다고 고집을 부리시니 마음이 너무 아프네요. 하지만 저는 정말 진정으로 외삼촌을 생각해서 찾아온 거예요. 그러니 외삼촌, 이렇게 제 마음을 다시 전할게요. 메리 크리스마스!"

P. 19 "잘 가라." 스크루지가 말했다.

"그리고 새해 복 많이 받으세요!" 조카는 사무실을 나가면서 외쳤다.

"잘 가라!" 스크루지는 되풀이했다.

그의 조카가 사무실을 나가자 신사 두 명이 스크루지를 만나러 들어왔다. 그들은 모자를 벗고 스크루지에게 정중히 인사를 했다.

"여기가 스크루지 앤드 말리 상점이죠." 그 중 한 신사가 말했다. "그런데 스크루지 씨인가요, 아니면 말리 씨인가요?"

"말리는 죽은 지 오늘로 딱 7년 되었소." 스크루지가 말했다.

"말리 씨는 관대한 분이셨죠. 스크루지 씨도 그러시리라 믿습니다." 신사가 말했다.

'관대하다'는 표현에 스크루지는 눈살을 찌푸리며 고개를 흔들었다.

"요즘은 명절 기간입니다, 스크루지 씨." 신사는 말했다. "이런 때에 아주 큰 고통을 겪고 있는 가난하고 어려운 이웃들에게 도움을 베푸는 것이 관례이지요. 수많은 이웃들이 생필품조차 마련하지 못하고 있습니다. 저희는 이처럼 즐거운 시기에 그들을 위로해 줄 약간의 물품을 제공하려고 합니다."

P. 20 "감옥이나 구빈원이 있잖소?" 스크루지가 물었다.

"감옥이나 구빈원들은 많습니다." 신사가 대답했다.

"그렇다면 그런 곳들이 여전히 쓸모가 있다니 아주 기쁘군요." 스크루지가 말했다.

"그런 곳들은 가난한 사람들이 살아가는 데 충분한 도움을 주지 못합니다." 신사가 말했다. "저희는 그들에게 여분의 음식과 난방 연료를 마련해 주기 위해 성금을 모으고 있습니다. 크리스마스는 빈부 격차가 더욱 뚜렷하게 드러나는 때입니다. 그러니 스크루지 씨, 이처럼 뜻깊은 일에 얼마쯤 기부를 좀 해 주시겠습니까?"

"한 푼도 못 내겠소!" 스크루지가 말했다. "나가 주시오. 나는 크리스마스를 축하하지도 않을 뿐더러 크리스마스를 축하하자고 게으름뱅이들에게 적선할 여유도 없소. 형편이 어려운 사람들은 구빈원을 찾아가면 될 것이오."

"그곳에 갈 수 없는 사람들이 많습니다. 그곳에 가느니 차라리 죽음을 택하겠다는 사람들도 많고요." 신사가 말했다.

"죽음을 택하겠다면 그러라고 하시오. 그러면 인구도 줄고 남은 사람들의 몫도 늘어날 테니까. 안녕히 가시오, 신사 양반들."

P. 21 신사들은 스크루지에게 기부하라고 아무리 설득해도 소용없다는 걸 깨닫고 자리를 떴다.

스크루지는 다시 일을 하기 시작했다. 스크루지는 신사들의 끈질긴 설득에도 불구하고 자신의 소신을 굽히지 않았다는 사실에 마음이 뿌듯했다.

그 동안 밤은 더욱 어두워졌고 안개는 더욱 짙어졌으며 추위도 기승을 부렸다. 상점 창문들에는 밝은 불이 켜지고 호랑가시나무 가지와 열매들로 장식되어 있었다. 대로변에는 몇몇 일꾼들이 화로에 큰 불을 지펴 놓았다. 그 주위로 남자들과 소년들이 몰려들어 손을 녹이고 있었다. 한 소년이 몸을 굽혀 스크루지 사무실의 열쇠 구멍에 대고 크리스마스 캐럴을 불렀다. 그러나, '하나님이 그대 즐거운 신사를 축복하시길! 그대에게 아무런 근심이 없기를!' 이 첫 구절을 듣자마자, 스크루지는 커다란 막대자를 집어 들어 아이를 쫓아 버렸다.

폐점 시간이 되었다. 스크루지는 서기를 불렀다. "자네 내일은 하루 종일 쉬고 싶겠지?"

"사장님이 괜찮으시다면요." 서기가 대답했다.

"아니, 괜찮지 않아." 스크루지가 말했다. "게다가 정당하지도 않은 일이고 말이야."

P. 22 만일 자네가 받아야 할 돈을 내가 주지 않는다면 자네는 부당한 처사라고 생각하겠지, 그렇지 않겠나? 하지만 자네가 일하지 않은 날에 대해 내가 자네에게 급료를 지불해야 한다면 자네는 부당하다고 생각하지 않을 거야."

"사장님, 일년에 딱 한번뿐이잖아요." 서기가 말했다.

"하루는 쉬어야겠지. 하지만 그 다음날은 아침 일찍 출근하도록 하게." 스크루지가 말했다.

서기는 그러겠다고 약속했고 스크루지는 못마땅해하며 사무실을 나섰다.

스크루지는 늘 가던 선술집에서 저녁을 먹었다. 그는 잠자리에 들기 전까지 남은 저녁 시간 동안 집에서 장부를 정리할 생각이었다. 그가 사는 어둡고 음침한 아파트는 예전에 말리의 소유였다. 현관 문에는 커다란 놋쇠 문고리가 달려 있었다. 스크루지는 그 건물에 살면서 매일 그 문을 드나들었지만 그것을 눈여겨본 적은 없었다. 하지만 오늘밤 스크루지는 문을 열고 들어가다가 문득 문고리에 말리의 얼굴이 보이는 듯한 느낌이 들었다. 스크루지가 기억하고 있는 모습 그대로, 희끄무레한 안경을 이마 위로 치켜올리고 있는 모습이었다. 부드럽고 성긴 흰 머리카락들이 얼굴 윤곽을 드러내고 있었고 눈은 크게 뜬 채 움직임이 없었다. 스크루지가 이 기이한 모습을 노려보자 어느새 얼굴이 사라지고 다시 원래의 문고리 형태로 돌아갔다.

P. 23 그는 너무 놀라 문을 열고 후다닥 안으로 뛰어들어갔다. 그는 촛불을 켜고 불안스레 다시 뒤를 돌아 문고리를 쳐다보았다. 그리고는 쾅 하고 문을 닫았다.

문이 닫히는 소리가 마치 천둥처럼 울려 퍼졌다. 스크루지는 웬만한 일에 놀라는 사람이 아니었다. 그는 문을 잠근 다음 위층에 있는 자기 침실로 향했다. 그는 초를 아끼려고 계단을 오르면서 촛불을 껐다. 어둡다는 것은 돈이 적게 든다는 의미이기 때문에 그는 그러길 원했다. 하지만 말리의 얼굴이 머리에서 지워지지 않아 방들을 모조리 둘러보았다. 모든 게 자신이 아침에 나갈 때의 모습 그대로였다. 자못 안심이 되자 그는 문을 닫고 이중으로 자물쇠를 채웠다. 보통은 그렇게까지 하지 않지만 방금 본 것 때문에 그러는 게 더 안심이 되었다.

그날 아침 스크루지가 퇴근 후 불을 지피려고 남겨 놓은 땔감은 아주 적었다. 화덕에 수프를 데우는 동안 그는 잠옷으로 갈아 입고 슬리퍼를 신고 나이트캡을 썼다. 수프가 데워지자 그는 불가에 앉아 수프를 먹었다. 탄불을 더 지피는 대신 그는 몸을 녹이기 위해 불가에 잔뜩 웅크리고 앉았다.

P. 24 벽난로 주변은 성서에 나오는 장면들이 그려진 구식 네덜란드제 타일로 장식돼 있었다. 그 순간 스크루지는 그 그림들 속에서도 말리의 얼굴을 본 듯한 느낌이 들었다.

"쓸데없이!" 스크루지는 방 안을 서성거리며 말했다. "이건 그냥 망상일 뿐이야."

그는 의자에 다시 앉았고, 방 안에 매달려 있지만 사용하지 않는 종을 문득 쳐다보았다. 그때 종이 흔들리기 시작하는 것을 보고 깜짝 놀랐다. 처음에는 종의 흔들림이 아주 미미해서 거의 소리가 나지 않았다. 하지만 곧 큰 소리로 울려 퍼지기 시작하더니 집 안에 있는 모든 종들이 따라 울리기 시작했다. 그 소리에 그는 귀가 먹먹해졌고 두려움과 공포에 휩싸였다. 그러다가 종소리들이 갑자기 멈췄다. 그리고 무언가가 절그럭절그럭 하는 소리가 들렸다. 저 아래 포도주 저장실에서 들려오는 소리였다. 마치 무거운 쇠사슬이 바닥에 질질 끌리는 듯한 소리였다.

포도주 저장실 문이 벌컥 열리는 소리가 나더니 그 소리는 더욱 커졌다. 아래층에서 나기 시작한 소리는 곧 계단을 올라와 곧장 그의 방문 쪽으로 다가오고 있었다.

"또 쓸데없이! 난 이런 건 믿지 않아. 앞으로도 믿지 않을 거고." 스크루지가 말했다.

무언가가 닫혀진 문을 통과해 휙 들어왔다. 스크루지는 얼굴이 창백해졌고 공포에 질려 거의 쓰러질 지경이었다.

P. 25 그건 바로 말리였다! 그가 끌고 있는 쇠사슬은 길었고 마치 뱀처럼 그의 몸에 휘감겨 있었다. 쇠사슬은 돈궤와 열쇠와 자물통, 그리고 묵직한 강철 지갑으로 이루어져 있었다. 말리의 몸은 투명했다. 시체처럼 차가운 눈빛에 스크루지는 온몸이 얼어붙었다. 대경실색할 노릇이었지만 그는 그것이 진짜 말리의 유령이라고는 믿을 수 없었다.

"이봐! 너는 누구이고 내게 바라는 게 뭐냐?" 스크루지가 말했다.

"내가 옛날에 누구였느냐고 물어보게. 그러면 내가 바라는 것을 말해주지." 말리의 목소리가 들렸다.

"그렇다면 너는 누구였느냐?" 스크루지가 큰 목소리로 물었다.

"나는 생전에 자네 동업자인 제이콥 말리였네. 하지만 자네는 나라는 걸 믿지 못하겠지, 그렇지 않은가?" 유령이 말했다.

"그래, 못 믿겠어." 스크루지가 말했다.

"내가 말하는 내 존재가 진짜라는 걸 자네가 믿으려면 어떤 증거를 보여 줘야 하겠나?" 유령이 말했다.

"난 모르겠어." 스크루지가 말했다.

"왜 자신의 눈과 귀를 믿지 못하는가?" 유령이 말했다.

P. 26 "왜냐하면 난 지금 막 음식을 먹었으니까. 배부르게 먹은 후 소화가 잘 안 될 때 눈에 헛것이 보이는 수가 있지. 난 네가 무섭지 않아."

P. 27 스크루지는 신경질적으로 웃기 시작했다. 사실은 점점 커지는 두려움을 감추려고 안간힘을 쓰는 중이었다.

스크루지는 잠시 입을 다문 채 멍하고 생기 없는 유령의 눈을 가만히 바라보았다. 유령은 꼼짝도 하지 않고 앉아 있었다. 하지만 유령의 머리카락과 옷자락은 끓는 물주전자에서 피어 오르는 수증기처럼 끊임없이 일렁거렸다.

"그래! 너를 믿는다면 나는 끊임없이 망상에 시달리게 될 거야! 분명히 말하는데, 이건 쓸데없는 짓이야! 쓸데없는 짓이라고!" 스크루지는 말했다.

말리의 유령은 고함을 지르며 쇠사슬을 흔들어댔다. 스크루지는 기절하지 않으려고 의자를 단단히 붙잡고 버텼다. 그러자 유령은 머리에 두르고 있던 붕대를 풀었다. 유령의 아래턱이 툭 하고 빠지더니 가슴까지 떨어졌다! 스크루지는 완전히 공포에 질려 털썩 무릎을 꿇으며 양손을 맞잡고 앞으로 내밀었다. .

"오, 부디 자비를 베풀게, 말리!" 스크루지가 말했다. "왜 날 괴롭히는 건가?"

"스크루지, 이제 내 존재를 믿겠는가, 못 믿겠는가?" 유령이 응답했다.

P. 28 "믿네, 진짜로 믿네! 하지만 유령이 왜 이승을 떠도는 건가? 그리고 왜 날 찾아왔나?" 스크루지가 물었다.

"누구나 죽고 나면 유령이 되어 세상을 이리저리 떠돌지. 하지만 생전에 사랑이나 자비를 베풀지 않았던 자의 유령은 영원히 세상을 떠돌아야 할 운명에 처해진다네. 그들은 이승에서 누릴 수 있었으나 누리지 못했던 행복, 그리고 앞으로 다시 찾아오지 않을 행복을 지켜보게 될 걸세." 유령이 대답했다.

"왜 몸에 쇠사슬을 감고 있나?" 스크루지가 벌벌 떨면서 말했다.

"생전에 나는 보이지 않는 쇠사슬을 몸에 감고 세상을 외면했네. 행복 대신에 이기심을 선택한 거지. 선량하고 자비로운 사람이라면 누릴 수 있는 기쁨과 만족을 몰랐던 거야." 유령이 말했다.

스크루지는 더욱 심하게 몸을 떨었다.

"에버니저, 보이지 않는 자네의 쇠사슬이 얼마나 길고 무거운지 아는가? 7년 전 내가 죽기 전만 해도 자네의 쇠사슬은 내가 지금 끌고 다니는 것과 같았지. 그 후 지난 세월 동안 자네의 몸에는 쇠사슬이 계속 감겨져 왔네. 이제 그 무게는 자네의 몸과 마음에 엄청난 짐이 되고 있을 것이네." 유령이 말했다.

스크루지는 주위를 둘러보았지만 유령이 감고 있는 쇠사슬 외에 다른 쇠사슬은 보이지 않았다.

"제이콥 말리, 오랜 친구여, 제발 좀 더 설명해 주게.

P. 29 내가 어떻게 해야 할지 말이야!" 스크루지가 말했다. "그럴 수 없네. 하지만 자네 스스로 변화하려는 마음을 가져야 하네. 살아 생전에 나의 영혼은 우리 회계 사무실을 결코 벗어난 적이 없었네. 이제 난 쉴 수가 없네. 한 곳에 머물지 못하고 어디서든 지체할 수 없네. 나의 죄업으로 끝없는 고통에 시달리고 있는 거지." 유령이 말했다.

스크루지는 유령이 방금 들려준 이야기를 곰곰이 생각했다. 그는 여전히 무릎을 꿇은 채 고개를 들지 않았다.

"자네는 7년 동안 많은 곳을 돌아다녔겠군." 스크루지가 말했다.

유령은 고함을 지르며 또다시 쇠사슬을 요란하게 흔들었다.

"오! 나는 영원히 이 쇠사슬에 묶여 있네. 이제 내게 남겨진 감정이라곤 오로지 후회와 자책뿐이라네. 과거를 돌이킬 수도 없고, 선량한 사람이 될 수 있는 모든 기회들을 다시 잡을 수도 없네! 난 정말 바보였지! 정말 어리석고 이기적인 바보 말일세!" 유령이 소리쳤다.

"하지만, 제이콥, 자네는 늘 훌륭한 사업가였네." 스크루지가 말했다.

"사업이라고!" 유령은 양손을 맞잡고 외쳤다.

P. 30 "난 모든 사람들을 위한 사업을 했어야만 했네. 누구나 잘 살도록 하는 게 내가 해야 할 사업이었어. 자선과 자비와 관용을 베풀어야 한다는 생각은 했지만, 좀 더 노력을 기울였어야만 했네. 하지만 이제 돌이키기엔 너무 늦어 버렸지."

말리의 유령은 쇠사슬이 모든 고뇌의 원인이라는 듯 그것을 다시 바닥에 내팽개쳤다.

"크리스마스는 일년 중 내게 가장 고통스러운 때일세. 나는 과거에 다른 이들의 고통에 왜 그렇게 무관심했는지 끊임없이 자문한다네! 가난한 가족들과 걸인들과 굶주린 아이들이 있다는 사실을 왜 알지 못했는지!"

스크루지는 점점 더 초조해졌다. 몸이 떨리는 것도 더욱 심해졌다.

"제이콥, 날 괴롭히지 말게!" 스크루지가 말했다.

그는 떨면서 이마에 맺힌 땀을 훔쳤다.

"에버니저 스크루지, 나는 자네에게 경고를 해 주기 위해 오늘밤 이렇게 찾아온 걸세." 유령이 말했다. "나와 같은 운명을 피하라는 것이야."

"자넨 항상 나의 좋은 친구였지, 고맙네!" 스크루지가 말했다.

"세 명의 유령이 자네를 찾아올 걸세." 유령이 말했다.

"찾아오지 않으면 좋겠는데." 스크루지가 말했다.

P. 31 "그들을 만나지 않으면, 자네도 결국 나와 같은 전철을 밟게 될 걸세. 내일 괘종 시계가 한 시를 알릴 때 첫 번째 유령이 나타날 거네." 유령이 말했다.

"제이콥, 그들이 한꺼번에 같이 올 수는 없는가?" 스크루지가 물었다.

"아니, 그럴 순 없네!" 유령이 말했다. "그 다음날 밤 같은 시각에 두 번째 유령이 찾아올 거네. 셋째 날 밤에는 자정을 알리는 시계 소리가 다 울리자마자 유령이 찾아올 거야. 이제 자네는 나를 다시는 만나지 못할 걸세. 자네 자신을 위해 우리가 나눴던 이야기를 잊지 말게!"

이제 유령은 가슴까지 내려와 있던 턱을 치켜올려 머리에 다시 묶었다. 스크루지가 고개를 들었을 때 유령은 팔에 쇠사슬을 칭칭 감고 서 있었다. 유령은 뒷걸음질로 창문 쪽으로 다가가더니 스크루지에게 따라오라고 손짓했고 스크루지는 시키는 대로 했다. 그때 말리의 유령이 손을 치켜들어 더 이상 다가오지 말라고 막았다. 스크루지는 놀라고 겁에 질려 그 자리에 멈춰 섰다. 방안은 온통 울부짖고 통곡하는 소리로 혼란스러웠다. 그리고 말리의 유령도 동참하여 비통하게 흐느끼다가 어둡고 차디찬 밤하늘로 떠올라 사라졌다.

P. 32 스크루지는 창문 밖을 내다보았다. 그리고 눈 앞에 펼쳐진 광경에 경악했다. 쉴 새 없이 방황하고 있는 온갖 귀신과 유령들이 허공을 부산스레 떠돌며 흐느끼고 있었다. 그들 모두가 말리의 유령처럼 몸에 쇠사슬을 감고 있었다. 스크루지에게 낯익은 얼굴들도 꽤 있었다. 일부는 서로 사슬이 얽혀 있었지만, 사슬로부터 자유로운 유령은 하나도 없었다. 어떤 유령들은 밑에 보이는 가난한 사람들을 도와주지 못해 구슬프게 울고 있었다. 그들 모두가 이제야 어려움을 겪는 이들이 있다는 것을 깨닫고 그것을 해결해 주고 싶어하는 게 분명했다. 하지만 이제 그들에게는 그럴 힘이 없었다.

곧 그 모든 유령들의 모습과 목소리가 어둠 속으로 사라져 갔다. 스크루지는 창문을 닫고 유령이 통과해 나타났던 문을 살펴보았다. 여전히 이중으로 잠겨 있었다. 자신이 잠가 놓았던 상태 그대로였고 빗장도 질러져 있었다.

스크루지는 '쓸데없는 짓이었군!' 하고 말하려다가 멈추었다. 갑자기 피로감이 몰려왔다. 바로 조금 전에 악몽 같은 감정의 동요를 겪었기 때문인지, 아니면 하루 종일 일하느라 힘들었기 때문인지는 알 수 없었다. 그는 곧장 잠자리에 들었고 바로 곯아떨어졌다.

2장
첫 번째 유령

P. 33 스크루지가 잠에서 깼을 때는 여전히 깜깜했다. 갑자기 교회 시계의 종소리가 울리기 시작했다. 종소리가 열두 번을 울리고 멈추자 그는 깜짝 놀랐다. 어떻게 이럴 수가 있단 말인가! 그가 잠자리에 든 것은 새벽 2시가 넘어서였다. 시계가 고장이 난 게 틀림없었다! 스크루지는 자신의 회중시계를 보았다. 회중시계 역시 열두 번 울리고는 멈췄다!

"이럴 수가." 스크루지는 중얼거렸다. "내가 하루 종일 잤다니."

매우 놀라운 일이 아닐 수 없었다. 스크루지는 침대에서 일어나 성에가 가득 덮여 있는 창문으로 다가갔다. 그리고 유리창에서 성에를 조금 닦아 내고 창 밖을 내다보았다. 밖은 여전히 어둡고 안개가 자욱했으며 거리는 텅 비어 있었다. 스크루지는 침대로 돌아가 생각에 잠겼.

P. 34 생각하면 할수록 도무지 알 수가 없었다. 그래서 생각을 털어 내려고 애썼지만, 말리의 유령이 머리에서 떠나질 않았다.

"그게 꿈이었나 생시였나?" 스크루지는 혼잣말로 중얼거렸다.

스크루지는 1시 15분 전을 알리는 교회 종소리를 들었다. 그러자 종소리가 1시를 알릴 때 유령이 찾아올 거라던 말리 유령의 말이 생각났다. 스크루지는 1시가 될 때까지 잠들지 않기를 바랐다. 어쨌든 잠이 올 것 같지도 않았다! 하지만 그 15분이 너무 길게 느껴지자, 그는 깜빡 잠이 들었고 그 때문에 분명 종소리를 듣지 못했다고 생각했다. 바로 그때 1시를 알리는 종소리가 들려 왔다.

"1시다." 스크루지가 의기양양하게 말했다. "그런데 아무 일도 일어나지 않았어!"

그런데 갑자기 방 안에 불빛이 번쩍하더니 침대 주위에 늘어져 있는 커튼이 젖혀졌다.

겁에 질린 채 일어나 앉은 스크루지는 자신이 섬뜩한 유령과 정면으로 마주하고 있다는 사실을 깨달았다. 유령은 어린 아이처럼 보였지만 노인의 몸을 지니고 있었다. 긴 머리카락은 나이가 들어 하얗게 센 것 같은데 얼굴은 주름살 하나 없이 매끈했다. 손과 팔은 기다랗고 근육이 발달해 있었지만 발과 다리는 가늘고 섬세했다. 옷은 순백색이면서 여름 꽃들로 장식되어 있었고 허리에는 번쩍이는 멋진 벨트를 두르고 있었다.

P. 35 그리고 손에는 금방 꺾은 듯한 초록색 호랑가시나무 가지를 들고 있었다. 머리 정수리에서는 밝은 광채가 뿜어져 나오고 있었다. 모자는 벗어서 겨드랑이에 끼고 있었다.

스크루지는 유령을 찬찬히 살펴보았다. 그러는 동안 유령은 색깔과 형체가 변했고, 또렷해졌다가 다시 흐릿해지곤 했다.

"저를 찾아오신다는 유령이 당신이십니까?" 스크루지가 말했다.

"그렇다." 유령이 부드럽고 다정한 목소리로 대답했다.

"당신은 누구이고 정체는 뭡니까?" 스크루지가 물었다.

"나는 과거의 크리스마스 유령이다. 에버니저 스크루지, 바로 너의 과거 말이다." 유령이 말했다.

스크루지는 왠지 모르게 유령이 모자를 쓴 모습을 보고 싶었다.

"저 때문에 모자를 벗으실 필요는 없습니다. 밤 공기가 매우 차가우니 원하시면 모자를 쓰시지요."

"뭐라고, 내가 왜 나의 빛을 끄고 싶겠는가? 자네도 다른 사람들처럼 나한테 모자 속에 내 감정을 감추라고 강요하는군!" 유령이 말했다.

P. 36 "여기는 왜 오셨나요?" 스크루지가 물었다.

"자네의 행복이 염려되어 이렇게 집까지 찾아왔네." 유령은 말했다.

"아이고, 감사합니다." 스크루지가 말했다. 그는 말은 그렇게 했지만 속으로는 차라리 하룻밤 푹 자는 편이 자신에게 훨씬 낫겠다고 생각했다.

유령은 부드럽게 그의 팔을 잡아 끌며 방을 가로질러 갔다.

"나와 함께 가세." 유령이 창문을 열면서 말했다.

스크루지는 살을 에는 듯한 추위와 밤늦은 시간도 아랑곳하지 않는 유령을 도저히 설득할 수 없다는 것을 알았다.

"전 살아 있는 사람입니다. 밖으로 나가면 떨어질 겁니다." 스크루지가 말했다.

"내가 자네 가슴에 손을 대면 안전할 걸세." 유령이 말했다.

유령의 말이 떨어지자마자 그들은 창문을 통과했다. 스크루지는 양쪽으로 들판이 펼쳐져 있는 탁 트인 시골길에 와 있는 것을 깨달았다. 어둠과 안개에 싸여 있던 도시의 모습은 사라져 버렸다. 쌀쌀하지만 청명한 어느 겨울날의 정경이었고 들판에는 아직 눈이 남아 있었.

"이런 세상에!" 스크루지는 주위를 둘러보며 말했다. "여긴 제가 태어난 곳이잖아요."

P. 37 온갖 친숙한 향기들이 공기 중에 떠돌았다. 오래도록 잊고 있었던 생각과 희망과 기쁨이 떠오르며 그의 눈에 눈물이 맺혔다.

"입술이 떨리고 있군. 뺨에는 그게 뭔가?" 유령이 말했다.

"뾰루지가 났을 뿐이에요." 스크루지는 눈물을 훔치며 더듬거렸다. 그는 유령에게 다른 곳으로 데려가 달라고 간청했다.

"이 길을 기억하는가?" 유령이 물었다.

"기억하느냐고요?" 스크루지는 감정이 벅차올라 거의 흐느끼며 대답했다. "눈감고도 걸을 수 있을 정도예요."

"그토록 오랜 세월 잊고 있었다는 게 이상한 일이군. 어쨌든 계속 가보세." 유령이 말했다.

그들은 그 길을 따라 걸어갔다. 스크루지는 대문이며 기둥이며 나무를 죄다 알아볼 수 있었다. 멀리 장이 서던 조그만 마을이 나타났고, 교회당과 다리와 굽이굽이 흐르는 강물도 보였다. 몇몇 소년들이 갈기가 덥수룩한 당나귀들을 타고 그들 쪽으로 다가오고 있었다. 그들은 수레와 짐마차를 타고 오는 다른 소년들을 소리쳐 불렀다. 모든 소년들이 서로에게 소리치며 깔깔거렸고 주변에는 음악과 노랫소리가 울려 퍼졌다.

P. 38 "그들은 우리를 볼 수 없네. 하지만 이곳의 삶이 한때는 이런 모습이

었지." 유령이 말했다.

스크루지는 그 아이들의 이름을 전부 알고 있었다. 하지만 왜 그들을 보고 그렇게 행복감을 느꼈던 것일까? 왜 그들이 당나귀와 수레를 타고 가는 광경을 보자 즐거움으로 가슴이 두근거렸던 것일까? 왜 그들이 서로에게 '메리 크리스마스' 하고 외치는 걸 들었을 때 기쁨으로 충만해지는 느낌이 들었을까? 크리스마스가 그에게 무슨 의미가 있었단 말인가? 이제껏 크리스마스가 그에게 무슨 이득이 되었단 말인가?

"학교는 거의 텅텅 비었군." 학교로 다가가며 유령이 말했다. "명절이라 학생들이 다들 집으로 돌아갔는데 저기 가엾은 소년 하나만 혼자 남아 있는 걸."

"기억나요." 스크루지는 이렇게 말하고 흐느끼기 시작했다.

곧 그들은 커다란 붉은 벽돌집 앞에 이르렀다. 오랜 세월이 흐르면서 집은 황폐해져 있었다. 마차 보관소와 창고에는 풀과 잡초로 무성하게 덮여 있었다. 집의 내부도 더 나은 편이 아니었다. 현관 홀은 습기로 축축하고 을씨년스러웠다. 집 안 다른 곳에도 변변한 가구 하나 비치되어 있지 않았고 얼어붙을 듯한 냉기만이 감돌았다. 유령과 스크루지는 홀을 가로질러 집 뒤편에 있는 문으로 다가갔다. 문이 열렸고 그 안으로 거의 텅 비어 있는 긴 방 하나가 보였다. 낡은 책상들 몇 개가 벽 쪽에 나란히 놓여 있었다.

P. 39 그 중 한 책상 앞에 어린 소년 한 명이 앉아 있었다. 그는 책을 읽으며 나지막이 피워진 불에 몸을 녹이려 애쓰고 있었다. 바로 자신의 옛 모습인 외로운 어린 소년을 보고 스크루지는 자리에 주저앉아 눈물을 쏟았다. 그는 과거를 잃어버린 채 살아 왔기 때문에 울었다. 그 무엇으로도 그의 아픈 마음을 달랠 수는 없었다.

유령이 그의 팔을 살며시 잡았다. 유령은 앉아서 책을 읽고 있는 어린 스크루지의 모습을 가리켰다. 그때 갑자기 창 밖에 이국적인 복장을 한 남자가 나타났다. 그 남자는 장작을 실은 당나귀를 끌고 있었다.

"와, 저 사람은 바로 그 정직한 알리바바 영감이군요!" 스크루지가 말했다. "어느 크리스마스 날, 제가 여기에 혼자 남아 있을 때 그가 저렇게 찾아왔어요. 보세요, 저기 앵무새도 있어요. 로빈슨 크루소가 섬 주변을 돌아보고 난 후 집으로 돌아오자, 앵무새는 이렇게 말했어요. '가엾은 로빈 크루소, 어디 갔다 왔어, 로빈 크루소?"

만약 스크루지와 거래하던 사람들이 그가 이렇게 흥분하고 놀라는 모습을 보았다면 깜짝 놀랐을 것이다. 더욱이 그가 웃고 우는 모습을 보았다면 더욱 아연실색했을 것이다.

P. 40 그때 스크루지는 자신이 어디에 있는지를 깨닫고는 큰 한숨을 길게 내쉬었다.

"왜 그러나?" 유령이 말했다.

"어젯밤 제 사무실 밖에서 크리스마스 캐럴을 불러 준 소년에게 다정하게 대해 주지 못한 게 마음에 걸립니다. 하지만 이젠 너무 늦은 일이죠." 스크루지가 말했다.

"또 다른 크리스마스를 보기로 하세." 유령은 손을 흔들며 의미심장한 미소를 지었다. 유령의 말에 어린 스크루지는 키가 부쩍 자라 있고, 방은 이전보다 더 어둡고 지저분했다. 창문들은 금이 가고 천장에서는 석회 조각들이 떨어졌다. 스크루지는 이런 일이 어떻게 일어났는지 도무지 알 수 없었다. 그가 아는 건 이런 일이 실제로 일어났다는 것뿐이었다. 그는 다시 혼자 남아 있는 자신의 모습을 보았다. 크리스마스가 되자 다른 아이들은 전부 다시 집으로 돌아갔다.

스크루지는 유령을 쳐다보며 처량하게 고개를 저었다. 그리고 근심스러운 표정으로 문 쪽을 바라보았다.

문이 열리더니 소년보다 훨씬 어린 작은 소녀가 깡총깡총 뛰어들어와 그의 목에 팔을 두르며 안겼다.

"오빠, 오빠를 집에 데려가려고 왔어." 이렇게 말하며 소녀는 조그만 두 손으로 손뼉을 치며 웃었다.

P. 41 "리틀 팬, 집에 가자고?" 소년이 말했다.

"응." 소녀가 기뻐하며 말했다. "집으로 아주 가자고. 앞으로는 언제까지나 집에 있어도 돼. 아빠는 전보다 훨씬 다정하고 자상해지셨어. 그래서 이제는 오빠가 집에 와도 되는지 다시 여쭤 보기 위해 눈치를 안 봐도 돼. 아빠는 '그래' 하시면서 허락하셨고, 나더러 오빠를 데려오라고 하셨어. 오빠는 여기 다시 안 와도 돼. 이제 우리는 함께 크리스마스를 즐겁게 보낼 수 있게 된 거야."

"너 정말 기특하구나, 리틀 팬." 소년이 말했다.

소녀는 다시 손뼉을 치고는 발돋움을 하여 그를 껴안았다. 그리고 그들은 열려 있는 문으로 서둘러 나갔다.

교장 선생님이 복도에 나타나 스크루지와 리틀 팬을 노려보았다.

"스크루지 군의 짐을 가지고 내려오게." 그는 짐꾼에게 지시하면서 소년 스크루지와 악수를 했다. 짐이 마차에 실리자, 소년 스크루지와 팬은 마차에 올라 집으로 향했다.

"저 아이는 늘 허약했지만 마음은 아주 넓고 따뜻했지." 유령이 말했다.

P. 42 "네, 맞습니다." 스크루지가 외쳤다.

"결혼을 했지만 일찍 세상을 떠났지. 아이가 있는 걸로 아는데?" 유령이 말했다.

"하나 있습니다." 스크루지가 말했다.

"아, 그렇지, 자네 조카로군." 유령이 말했다.

그들은 학교를 뒤로 하고 번화한 시내로 들어섰다. 그림자 같은 형체의 사람들이 가득 실린 수레와 마차의 환영들이 그들 옆을 지나쳐 갔다. 분주한 거리는 불이 환하게 밝혀져 있었고 상점의 진열창마다 크리스마스 장식들로 치장되어 있었다. 유령은 어떤 한 상점의 문 앞에 멈춰 섰다.

"이 건물을 아는가?" 유령이 물었다.

"아느냐고요? 여기는 제가 견습 사원으로 일하던 곳이에요." 스크루지가 말했다

그들은 안으로 들어갔다. 한 노신사가 커다란 책상 앞에 앉아 무언가를 적고 있었다.

"와, 페지위그 영감이잖아요." 스크루지가 크게 흥분하며 말했다. "그에게 축복을 내리소서. 페지위그 영감이 다시 살아나다니."

페지위그 영감은 펜을 내려놓고 시계를 쳐다보았다. 7시였다. 그는 양손을 비비며 양복 조끼를 잘 쓰다듬고는 웃음을 터뜨리기 시작했다.

"에버니저! 딕! 이리 오게." 그는 유쾌하게 외쳤다.

한 청년이 나타났는데, 스크루지는 그가 바로 자신임을 알아보았다. 그 청년은 또 한 명의 견습 사원과 함께 들어왔다.

P. 43 "저 젊은이는 딕 윌킨스입니다. 우린 둘도 없는 친구 사이였죠." 스

크루지가 유령에게 말했다.

"제군들, 오늘은 일을 그만 하게. 크리스마스 이브이니까 말일세. 일거리를 치워 놓고 상점 문을 닫게. 그리고 파티를 열 공간을 마련하게나." 페지위그 영감이 말했다

두 청년들이 얼마나 재빠르게 움직여 정리를 하고 문단속을 하는지 정말 믿기 힘들 정도였다! 바닥을 깨끗이 쓸고 난로에는 땔감을 수북이 쌓아 놓았다. 상점 안은 이제 환하고 훈훈했으며 쾌적해졌다. 악사가 나타나 바이올린의 음을 조율했다. 그 다음에는 페지위그 부인과 세 딸이 들어왔고, 그 뒤를 이어 모든 직원들이 들어왔다. 그리고 인근 상점 주인들과 친구들과 이웃들이 왔다. 이윽고 악사가 흥겨운 곡을 연주하기 시작했고 춤이 시작되었다.

"여보, 잘 했소." 페지위그 영감은 부인에게 귀엣말을 하며 손님들을 음식이 가득 차려져 있는 테이블로 안내했다. "음식은 넉넉히 준비되어 있으니 마음껏 드십시오." 그는 큰소리로 외쳤다.

P. 44 음식으로는 차게 식힌 고기 구이, 빵, 민스 파이, 케이크가 준비돼 있었고 마실 것으로는 맥주가 넉넉히 나왔다. 시계 종소리가 밤 11시를 알리기 전까지 모두들 노래하고 춤 추며 먹고 마셨다. 이윽고 파티가 끝나자 페지위그 부부는 문간에 서서 모든 손님들에게 작별인사를 했다.

P. 45 그들은 모든 사람들과 일일이 악수를 나누며 즐거운 성탄절을 축원했다.

스크루지는 이 행복한 사람들 무리에 끼어 즐거운 시간을 보냈던 때를 추억하며 미소를 지었다. 그때 유령이 자신을 유심히 쳐다보고 있는 것을 알았다. 유령의 머리에서 나오는 선명한 광채는 강렬한 빛을 발하고 있었다. 유령은 입술에 손가락을 대고는 귀를 기울여 보라는 시늉을 했다. 두 견습 사원은 페지위그 부부가 친절하고 관대한 분들이라며 칭찬을 하고 있었.

"에버니저, 저들이 그런 칭찬을 들을 정도로 훌륭하다고 생각하는가?" 유령이 물었다.

"페지위그 영감에게는 저희들의 행복과 불행을 좌우할 수 있는 힘이 있어요. 저희들의 일을 덜어줄 수 있고 더 힘들게 할 수도 있습니다. 하지만 그가 베푸는 행복은 그를 좋아하는 사람들에게는 더할 나위 없는 선물이지

요." 스크루지가 말했다.

"뭔가 마음에 걸리는 게 있는 것 같군. 무엇인가?" 유령이 물었다.

P. 46 "지금 당장 제 서기와 얘기를 나누고 싶어서요." 스크루지가 말했다. "오늘 아침에 그를 퉁명스럽게 대했거든요. 그뿐입니다."

"서두르세, 내 시간이 얼마 안 남았네." 유령이 말했다. "이걸 보게."

이제 스크루지는 이전보다 나이가 더 들었지만 여전히 젊은 자신의 모습을 보았다. 얼굴에는 주름살이 약간 생겼지만 불안하게 움직이는 눈동자에는 탐욕이 깃들어 있었다. 이번에 그는 혼자가 아니었다. 곁에 어여쁜 아가씨 한 명이 앉아 있었다. 과거의 크리스마스 유령으로부터 나오는 빛으로 인해 그녀의 눈물 방울들이 반짝거렸다. 스크루지는 두 사람의 대화를 듣기 위해 가까이 다가갔다.

"당신은 개의치 않으시겠지만, 당신 마음 속엔 이미 다른 사랑이 제 자리를 대신 차지하고 있어요. 하지만 그래서 행복하시다면, 전 당신을 위해 만족할게요." 그녀가 조용히 말했다.

"벨, 살아가는 건 현실이야. 가난에 쪼들리며 살다 보면 인간 관계도 깨질 수 있는 법이야. 보다 나은 삶을 위해 부를 추구하는 것은 죄가 아니라고." 그가 말했다.

"당신은 세상을 너무 두려워해요." 그녀가 침착하게 대답했다. "당신은 이제 주위 사람들에게 정을 베푸는 대신 돈 버는 일에만 관심을 쏟고 있는 것 같아요. 제 말이 맞죠, 그렇죠?"

"하지만 당신에 대한 내 감정은 변하지 않았어." 그가 말했다.

그녀는 고개를 가로저었다.

P. 47 "우리가 약혼한 것은 오래 전 일이에요. 비록 가난했지만 행복했던 때였죠. 그때는 열심히 일하면 언젠가 잘 살게 되리라는 희망을 품고 살았어요. 하지만 에버니저, 당신은 변했어요. 우리가 서로에게 사랑의 약속을 했을 때 당신은 이렇지 않았어요." 벨이 말했다.

"그때 난 철없는 소년에 불과했어." 그가 참지 못하고 불쑥 내뱉었다.

"하지만 전 변하지 않았어요. 우리가 같은 믿음을 가지고 있을 때는 행복했어요. 이제 우리의 이상은 서로 다르기 때문에 함께 산다면 불행해질 수밖에 없어요. 제가 생각을 많이 해 봤는데요. 당신을 그 약속으로부터 놓아

주는 게 옳은 것 같아요." 그녀가 말했다.

"내가 언제 우리 약혼을 깨려고 했던 적이 있어?" 그가 말했다.

"말로요? 아뇨, 절대로." 그녀가 말했다.

"그럼 무엇 때문에 그랬다는 거야?" 그가 말했다.

"당신의 진심이 달라졌기 때문이에요. 당신의 영혼도 변했고 삶에 대한 태도도 달라졌기 때문이에요. 당신에게 선택의 기회가 주어진다면, 아마 당신은 또다시 나처럼 가난한 여자를 선택하진 않을 거예요" 그녀가 말했다.

P. 48 "그렇게 생각해?" 그가 말했다.

"저도 정반대로 믿고 싶어요." 벨이 말했다. "하지만 에버니저, 당신은 스스로 베풀 수 있는 것이 아니라 얻을 수 있는 것을 잣대로 삼아 모든 걸 평가해요. 그렇기 때문에 아직도 저는 과거의 당신을 사랑하는 사람이지만 당신을 놓아 주는 거예요. 당신이 과연 우리가 한때 누렸던 행복을 기억하게 될까요? 아마 기억하지 못할 거예요. 가세요. 그리고 당신이 선택한 삶을 사세요."

그녀는 서둘러 밖으로 나갔고 그는 또다시 혼자가 되었다.

"유령님, 충분히 보았습니다. 전 그만 집으로 돌아가고 싶습니다." 스크루지가 말했다.

"자네에게 보여줄 장면이 하나 더 남아 있네." 유령이 말했다.

"더 이상은 싫어요. 보고 싶지 않아요. 그만 보여주세요." 스크루지가 외쳤다.

하지만 유령은 그의 팔을 꽉 붙잡고 그 다음에 일어나는 일을 억지로 보게 했다.

이제 그들은 또 다른 장면과 장소에 와 있었다. 좁지만 아늑한 방 안이었다. 겨울철의 난롯가에 아름다운 아가씨 한 명이 앉아 있었다. 그녀는 떠나간 옛 연인의 모습과 너무 닮아서 그도 처음에 그렇게 착각했다. 하지만 다음 순간, 벨이 그녀의 딸 맞은 편에 앉아 있는 것을 보았다. 주위에는 아이들이 더 많이 있었는데, 그들은 즐겁게 놀이를 하며 소리를 지르는 통에 방 안이 떠들썩했다.

P. 49 이내 엄마와 딸도 웃으면서 아이들의 놀이에 끼어들었다.

"내가 저 자리로 갈 수만 있다면, 벨의 내리뜬 눈의 속눈썹을 들여다볼 수만 있다면 무엇이든 내놓을 텐데. 한때는 그녀가 내 품에 안겨 내게 입맞춰 주는 것 외에는 아무것도 바라지 않았건만." 스크루지는 마음 속으로 이렇게 생각했다.

문에서 노크 소리가 났다. 법석을 떨며 웃고 있던 아이들과 엄마는 즉시 문을 열기 위해 달려갔다. 들어온 사람은 크리스마스 선물과 장난감을 한아름 안고 들어오는 아이들의 아버지였다. 다음 순간 아우성과 함께 밀고 당기는 소동이 시작되었다. 아이들이 사방에서 선물을 하나씩 풀면서 놀람과 기쁨의 탄성을 질렀다. 점차 아이들은 지친 기색을 보이더니 위층으로 올라가 잠자리에 들었다. 마침내 집 안이 조용해졌다. 스크루지가 지켜보고 있는 가운데, 그 집의 가장이 아내와 맏딸과 함께 벽난로 주위에 둘러앉았다. 이렇게 다정하고 서로를 아끼는 가족의 모습을 보자 스크루지는 자신이 놓쳐 버린 인생을 돌이켜보게 되었다.

P. 50 그의 가슴에 슬픔이 북받쳤다.

남편이 아내에게 고개를 돌리더니 미소를 지으며 말했다. "벨, 오늘 오후에 당신의 옛날 친구를 보았어. 누군지 짐작하겠어?"

"글쎄요, 혹시 스크루지 씨 아녜요?" 그녀가 웃으며 말했다.

"맞아. 그의 사무실 창문을 통해 그의 모습을 보았지. 늘 그렇듯이 혼자 초 하나만 달랑 켜놓고 있더군. 동업자인 제이콥 말리 씨가 얼마 못 살 테니 머지않아 진짜 외톨이가 될 거야."

"유령님." 스크루지가 더듬거리며 말했다. "저를 여기서 먼 데로 데려가 주세요."

"내가 자네에게 이 일들은 모두 과거사라고 말했네. 과거사를 바꿀 수는 없는 법이지. 나를 원망하지 말게." 유령이 말했다.

"전 견딜 수가 없습니다. 다른 데로 데려가 주세요." 스크루지가 말했다.

유령을 돌아본 그는 공포에 질려 숨이 턱 막혔다. 유령의 얼굴에 자신의 과거 얼굴들이 전부 보였던 것이다.

"제발 물러가거나 아니면 집으로 데려다 주세요. 그리고 다시는 제 앞에 나타나지 마세요!"

스크루지는 유령의 광채가 더욱 높이 그리고 밝게 빛나는 것을 보았다. 스크루지는 자신을 지배하는 유령의 힘이 바로 거기에서 나온다고 생각했다. 그는 유령의 모자를 움켜쥐고 유령의 머리가 완전히 가려질 때까지 내리눌렀다.

P. 51 하지만 아무리 세게 눌러도 유령의 광채는 꺼지지 않았다. 스크루지는 갑자기 기운이 다 빠지고 졸립다는 느낌이 들었다. 그는 어느새 자신의 침실로 돌아와 있음을 알았다. 그때 그는 마지막으로 다시 한 번 유령의 모자를 세게 누르고는 침대에 쓰러져 깊은 잠에 빠져들었다.

3장
두 번째 유령

P. 52 스크루지는 자신의 코고는 소리에 놀라 퍼뜩 잠에서 깨어났다. 침대에 일어나 앉은 그는 이제 곧 두 번째 유령이 나타나기로 예정돼 있다는 기억이 났다. 그의 몸이 떨리기 시작했다. 떨리는 이유가 미지의 대상에 대한 두려움 때문일까, 추위 때문일까? 그 자신도 정확히 알 수 없었다. 하지만 또다시 갑자기 놀라는 일을 당하고 싶지 않았기 때문에 그는 침대 커튼을 모조리 열어제쳤다. 그러자 방 안 구석구석이 한눈에 들어왔다. 그는 유령이 나타나는 순간 당당히 맞설 태세를 갖출 참이었다. 이젠 세상의 그 무엇도 그를 놀라게 할 수 없었다. 적어도 그의 생각만큼은 그랬다!

스크루지는 거의 모든 상황에 대비하고 있었지만, 아무 일도 일어나지 않는 상황은 미처 예상하지 못했다. 시계 종이 1시를 쳤는데도 유령이 나타나지 않자 그는 부들부들 떨기 시작했다. 5분, 10분, 15분이 지났지만 여전히 아무것도 나타나지 않았다. 이윽고 그가 침대에 누웠을 때 밝은 붉은색 빛이 그의 몸 위로 쏟아졌다. 스크루지는 그 빛이 어디에서 오는지 알 수 없었.

P. 53 그는 조용히 일어나 빛이 더욱 밝게 보이는 문 쪽을 향해 까치발로 살금살금 다가갔다.

"에버니저 스크루지, 들어오게, 들어와," 그가 문 손잡이를 막 돌리려는 순간, 낯선 목소리가 그를 불렀다. 그는 자신의 이름을 부르는 소리에 놀라서 펄쩍 뛰었지만 지시를 그대로 따를 수밖에 없었다.

그곳은 분명 자신의 방이었다. 하지만 모습은 깜짝 놀랄 만큼 변해 있었다. 벽과 천장에는 온통 싱그러운 호랑가시나무와 담쟁이덩굴과 겨우살이 잎사귀들이 늘어져 있었다. 선명하고 붉은 호랑가시나무 열매들은 이글거리는 벽난로의 불빛에 반사되어 반짝거렸다. 방 한복판에는 매우 기이한 왕좌가 놓여 있었다. 그 왕좌의 좌석 부분은 칠면조, 굴, 소시지, 그리고 거대한 구운 고깃덩이 등으로 만들어져 있었고, 팔걸이와 등받이는 플럼 푸딩과 큼지막한 과일케이크를 비롯하여 온갖 신선한 과일로 꾸며져 있었다. 왕좌 옆에는 김이 무럭무럭 나는 펀치 그릇들이 놓여 있고, 거기에서 뿜어져 나오는 달콤하고 그윽한 향기가 방 안을 가득 메우고 있었다. 이 놀랍기 그지없는 왕좌에는 쾌활하게 보이는 뚱뚱한 유령이 앉아 있었다. 그는 활활 타오르는 횃불을 손에 들고 있었는데, 그 횃불로 스크루지를 가리켰다.

P. 54 "들어오게, 들어와. 그리고 나랑 이야기를 좀 하세." 유령이 말했다.

스크루지는 까치발로 걸어 들어가 그 쾌활한 유령 앞에 잠자코 서 있었다. 그는 차마 유령의 얼굴을 쳐다볼 수 없었지만, 유령이 자상하고 부드러운 눈길로 자신을 주시하고 있음을 느꼈다. "나는 현재의 크리스마스 유령이네. 에버니저 스크루지, 날 똑바로 보게." 유령이 말했다.

스크루지는 마지못해 유령이 시키는 대로 고개를 들었다. 유령은 흰 모피로 장식된 헐렁한 초록색 겉옷을 걸치고 있었다. 발은 맨발이었다. 그리고 짙은 갈색의 치렁치렁한 곱슬머리 위에는 반짝이는 고드름으로 장식된 호랑가시나무 화관을 쓰고 있었다. 스크루지에게 좀 더 가까이 다가오라고 손짓하는 유령은 친근한 인상을 주었는데, 느긋하고 즐거워 보였다.

"나처럼 생긴 유령을 본 적이 있는가?" 유령이 말했다.

"한 번도 없습니다." 스크루지가 대답했다.

현재의 크리스마스 유령이 자리에서 일어났다.

"유령님, 제가 뭘 해야 할지 보여 주십시오. 어젯밤에 저는 힘들게 교훈을 얻었습니다. 오늘밤엔 부디 친절과 선행에 대한 가르침을 주시기 바랍니다."

"내 옷에 손을 대 보게." 유령이 말했다.

스크루지는 유령이 시키는 대로 했다.

P. 56 모든 음식과 음료와 장식물이 순식간에 사라져 버렸다. 스크루지는

이제 크리스마스 날 아침의 시내 거리에 서 있었다. 하늘은 잔뜩 흐려 있고 잿빛 눈발이 흩날리고 있었다. 추위는 매서웠지만 사람들은 보도를 깨끗이 쓸고 지붕에 쌓인 눈을 쓸어 내리느라 분주했다. 어린 아이들은 눈사람을 만들었고, 눈뭉치를 목표물에 겨냥하여 제대로 맞히면 기쁨의 탄성을 지르곤 했다. 집들은 거무스름하고 우중충했지만 그 안에서는 음악과 즐거운 담소와 달콤한 향기가 흘러나오고 있었다.

장보러 나온 사람들은 아직 장만하지 못한 차와 커피, 아몬드, 디저트 과자, 케이크 등을 사기 위해 분주했다. 정육점에는 칠면조가 몇 마리 남지 않은 상태였다. 청과물 가게들에는 아직도 밤, 오렌지, 사과, 포도 등이 담긴 커다란 광주리들이 손님들을 기다리고 있었다. 장보는 여자들은 참을성 있게 차례를 기다리며, 서로 다정히 인사말을 주고받거나 잡담을 나눴다. 곳곳에 걸려 있는 겨우살이 가지들은 깜짝 키스의 주인공들을 기다리고 있었고 거리는 훈훈한 인정으로 충만했다.

곧 거리는 나들이옷으로 차려입고 교회로 향하는 사람들로 부산해졌다. 때맞춰 가난한 사람들의 무리가 어두운 거리와 샛길에서 나왔다. 그들은 각자 얼마 안 되는 음식을 가지고 **빵집**으로 향했는데, 그곳의 식어가는 화덕의 온기를 빌어 음식을 데우기 위해서였다.

P. 57 유령은 북새통을 이루는 군중 사이에서 화를 내는 사람들이 있으면 횃불로 물방울을 뿌려주곤 했다. 그러면 사람들은 즉시 잠잠해졌다.

"크리스마스 날에 다투다니 부끄러운 노릇이지." 그들이 말했다. "그래 맞아! 하나님도 즐거워하시는 날인데. 아무렴 그렇고 말고!"

"횃불로 뿌려주는 물에 무슨 특별한 향료라도 들어 있나요?" 스크루지가 물었다.

"있고 말고. 나만이 갖고 있는 것이지." 유령이 말했다.

"오늘 있을 아무 만찬에나 사용해도 되나요?" 스크루지가 물었다.

"물론이지. 하지만 주로 가난한 이들의 식탁에만 사용할 거야."

"왜 주로 가난한 이들의 식탁에만 사용하시나요?"

"이걸 가장 필요한 곳이니까 그렇지." 유령이 대답했다.

스크루지와 유령은 계속 나아가 어느덧 도시 변두리에 이르렀다. 유령은 스크루지를 그의 서기인 밥 크래칫의 집으로 데리고 갔다. 유령은 집 앞에 멈춰 서서 햇불로 물방울을 뿌려 축복을 해준 후 스크루지를 데리고 안으로 들어갔다.

P. 58 크래칫의 아내와 딸 벨린다가 만찬을 준비하고 있었다. 피터 크래칫은 감자가 익는 것을 지켜보고 있었다. 그 밑의 두 동생들인 남자 아이와 여자 아이가 뛰어들어 왔다. 이들은 소리를 지르며 식탁 주위에서 신나게 춤을 췄다.

"네 아버지와 꼬맹이 팀은 왜 이렇게 늦는지 모르겠구나?" 크래칫 부인이 말했다. "그리고 마사도 작년 크리스마스 때는 이렇게 늦지 않았는데."

"엄마, 마사 왔어요." 두 어린 남매가 외쳤다.

"어머, 우리 딸, 좀 늦었구나." 크래칫 부인이 딸에게 키스하며 말했다.

"어젯밤에 마무리할 일이 많았어요. 그것을 오늘 아침에 정리를 다 하고 오느라고요." 마사가 말했다.

"얘야, 불가에 앉아 몸을 좀 녹이렴." 크래칫 부인이 말했다.

"아빠 오신다. 빨리 숨어, 마사, 숨으라고." 밖을 내다보고 있던 두 어린 남매가 소리쳤다.

마사는 몸을 숨겼다. 밥 크래칫은 몸이 성치 않은 어린 아들을 업고 들어왔다. 꼬맹이 팀은 아버지에게 업혀 다니지 않을 때는 목발을 짚고 걸어야 했다.

P. 59 "우리 딸 마사는 어디 있지?" 밥 크래칫은 주위를 둘러보며 말했다.

"아, 걔는 못 온대요." 크래칫 부인이 말했다.

"못 와? 크리스마스 날에 못 온다고?" 밥이 말했다. 갑자기 피로와 슬픔이 몰려왔다. 그는 크리스마스에 가족을 모두 볼 수 있다는 기대를 갖고 꼬맹이 팀을 업은 채 부리나케 달려 왔던 것이다.

마사는 아버지가 너무 실망하시는 모습에 마음이 아파서 얼른 밖으로 나왔다.

"오, 이렇게 고마울 데가." 그가 얼굴 가득히 환한 미소를 지으며 말했다. "크리스마스는 일년 중 우리 가족 모두가 한자리에 모일 수 있는 유일한 날이야."

"꼬맹이 팀과 함께 가서 크리스마스 푸딩을 살펴보렴." 크래칫 부인이 두 어린 남매에게 일렀다.

"그런데 오늘 꼬맹이 팀은 좀 어땠어요?" 아이들이 방을 나가자 그녀가 남편에게 물었다.

"아주 의젓했지. 가끔 팀은 혼자 앉아서 희한한 생각을 한단 말이야.
P. 60 집에 오는 길에 그 애가 뭐라고 했는지 알아? 교회에서 사람들이 자기 모습을 보고, 절름발이 거지를 걷게 하시고 장님의 눈을 뜨게 해 주신 분이 누구였는지 기억했으면 좋겠다는 거야."

그 이야기를 하는 밥의 목소리가 떨렸다.

꼬맹이 팀이 형과 누나와 함께 돌아올 때 그의 목발이 돌 바닥을 콩콩거리며 울리는 소리가 났다. 식구들이 모두 불가에 둘러앉아 있는 동안 밥은 진과 레몬을 섞은 뜨거운 칵테일을 휘휘 저었다. 피터는 거위 요리를 가지러 갔다. 크래칫 부인은 육수를 만들고 감자를 으깼다. 벨린다가 애플 소스에 단맛을 가미하는 동안 마사는 데워 놓은 접시들을 닦았다. 두 어린 남매는 식탁에 식구들이 둘러앉을 수 있도록 의자들을 배치했다. 밥은 꼬맹이 팀을 자기 바로 옆에 앉혔다. 마침내 음식이 차려지자 감사의 기도를 올렸다. 크래칫 부인이 거위 고기를 썰었다. 식구들은 하나같이 거위 고기가 이제껏 먹어본 것 중에서 가장 부드럽고 맛있다고 입을 모았다. 거위 고기를 다 먹고 나자, 벨린다는 사용한 접시들을 치우고 새 접시들을 내놓았다.

크래칫 부인은 푸딩을 가져와 자랑스럽게 식탁 위에 올려 놓았다. 그리고 푸딩 위에 뜨거운 브랜디를 끼얹었다. 브랜디에 불을 붙이자 푸딩은 불붙은 대포알처럼 타올랐다. 그 멋진 광경에 모두 환호성을 지르며 박수를 쳤다.
P. 61 "음, 정말 근사한 푸딩인걸. 아빠와 엄마가 결혼한 이후로 엄마가 만든 푸딩 중 단연 최고인 것 같구나." 밥 크래칫이 말했다.

식사를 마치고 그릇들을 치운 후 벽난로의 재를 쓸어내고 불을 지폈다. 식탁 위에 사과와 오렌지를 올려 놓고 불 위에는 밤을 던져 놓고 구웠다. 크랫칫 가족에게 유리잔은 세 개밖에 없었기 때문에 식구들은 서로 돌아가며 진에 레몬을 섞은 뜨거운 칵테일을 마셨다.

"우리 가족 모두에게 메리 크리스마스!" 밥은 쾌활하게 외치며 잔을 치켜들었다. "그리고 하나님께서 우리 가족을 축복해 주시길!"

"하나님께서 우리들 한 사람 한 사람을 축복해 주시길!" 꼬맹이 팀도 말했다. 아이는 아버지 곁에 놓인 조그만 전용 의자에 앉아 있었다.

밥은 아이를 빼앗길까 두려운 듯 아이의 쇠약한 작은 손을 꼭 움켜쥐었다.

"유령님, 꼬맹이 팀이 죽지 않는다고 말씀해 주세요." 스크루지가 말했다.

"빈 의자가 보이는군. 그리고 그 위에 주인을 잃은 목발이 놓여 있고." 유령이 말했다.

"오, 안 됩니다, 자비로운 유령님! 제발 저 아이가 살 수 있다고 말씀해 주세요."

P. 62 스크루지는 자책과 슬픔으로 괴로워했다.

"만약 상황이 변하지 않는 한 저 아이는 곧 죽을 것이네. 누가 살고 누가 죽을지는 자네가 결정할 수 없지. 저 가엾은 아이는 자네보다는 천국에 갈 가능성이 크네!" 유령이 말했다.

바로 그때, 스크루지는 자기 이름이 언급되는 것을 듣고 고개를 들었다.

"건배." 밥이 잔을 들며 말했다. "이런 만찬을 허락해 주신 스크루지 사장님을 위하여."

"만찬을 허락해 주셨다고요?" 크래칫 부인이 목소리를 높였다. "그분이 이 자리에 있었으면 좋겠군요. 언젠가는 제가 그분에 대해, 그분의 인색한 처사에 대해 어떻게 생각하는지 직접 말씀드릴 거예요."

"자자, 여보. 오늘은 크리스마스잖아." 밥이 말했다.

"그래요, 크리스마스이니 스크루지 씨처럼 가증스럽고 비열하고 무정한 사람의 건강을 위해서도 건배를 할 수 있겠죠. 그건 누구보다도 당신이 더 잘 알 거예요. 제가 그분의 건강을 위해 건배를 하는 이유는 그분을 위해서가 아니라 당신을 위해서라고요." 크래칫 부인이 말했다.

"여보, 오늘은 크리스마스이고 요즘은 인정을 나누는 때잖아." 밥이 조용히 말했다.

아이들은 돌아가며 스크루지를 위해 건배를 했지만, 그 때문에 파티 분위기가 많이 가라앉았다. 밥은 식구들에게 구운 밤을 돌렸고 스크루지는 이내 잊혀졌다. 그리고 나서 꼬맹이 팀이 구슬프고 가냘픈 목소리로 노래를 불렀고 곧 모든 식구들이 따라 부르기 시작했다.

P. 63 크래칫 가족은 형편이 넉넉하지 못했다. 좋은 옷을 입지 못했고 신발들은 구멍이 나 있었다. 하지만 그들은 그나마도 감사하게 여겼고 행복했으며, 특히 크리스마스에 이렇게 식구들이 한자리에 모일 수 있는 것만으로도

만족해했다. 스크루지는 그토록 가진 게 없는 이들이 그처럼 행복할 수 있다는 사실을 도저히 믿을 수 없었다. 유령에게 이끌려 밖으로 나갈 때까지 스크루지는 그 가족의 모습, 특히 꼬맹이 팀에게서 눈을 뗄 수가 없었다.

밖에는 눈이 펑펑 쏟아지고 있었고 날이 거의 저물어 있었다. 그들은 창문들 너머로 난로의 너울거리는 불빛과 아늑한 가족 만찬이 차려지는 광경을 보았다. 아이들은 눈밭에서 뒹굴며 놀고 있었다. 가족과 친지들이 사랑하는 사람들과 크리스마스 만찬을 함께 하고자 속속 방문하고 있었다.

"그들에게 축복을." 유령은 이렇게 말하며 사람들에게 금빛 가루를 뿌려 주었다. 그 금빛 가루가 닿는 곳마다 웃음과 행복이 넘쳐났다.

스크루지와 유령은 바다 쪽으로 둥실둥실 날아갔다. 스크루지는 밑에서 파도가 바위에 부딪치는 굉음에 덜컥 겁이 났다.

P. 64 위험스런 암초 위에 등대 하나가 외로이 서 있었다. 하지만 심지어 이곳에서도 두 명의 등대지기가 장작불을 활활 지펴 놓고 있었다. 그들은 식탁 위로 손을 뻗어 악수를 나누며 서로에게 '메리 크리스마스'라고 축원하였다. 그리고 그 중 한 사람이 묵직하고 기운찬 음성으로 노래를 부르기 시작했다. 곧 그의 동료도 참여해 두 사람은 즐거운 크리스마스 캐럴을 합창했다.

스크루지와 유령은 다시 칠흑 같이 어둡고 파도가 출렁이는 바다 위를 날아 어떤 배 위에 도착했다. 함교 위에 있는 선장과 아래쪽 갑판 위에 있는 선원들 모두가 크리스마스 캐럴을 흥얼거렸다. 선한 사람이건 악한 사람이건 배에 타고 있는 모든 사람들이 저마다 집에 남겨 두고 온 사랑하는 이들의 얼굴을 떠올리고 있었다.

스크루지는 갑자기 자신이 환하고 아늑한 방 안에 돌아와 있는 것을 발견하고는 깜짝 놀랐다. 그리고 바로 자기 조카가 폭소를 터뜨리고 있는 것을 깨닫고 더욱 놀랐다.

"하하하하하!" 조카는 웃고 있었다.

스크루지의 조카는 배를 움켜쥐고 웃어대면서 고개를 이리저리 돌리거나 얼굴을 찡그려 아주 희한한 표정을 짓고 있었다. 조카의 아내, 즉 스크루지의 조카머느리 역시 큰소리로 웃었다. 그리고 이내 조카 내외의 친구들도 스스럼없이 그 유쾌한 웃음판에 끼어들었다.

P. 65 "글쎄 외삼촌은 크리스마스가 쓸데없는 짓이라는 거야. 그리고 진짜로 그렇게 생각하신대." 조카가 말했다.

"창피한 일이지 뭐예요, 프레드." 조카며느리가 말했다.

"외삼촌은 참 이상한 노인이셔. 친절하시지도 않고. 하지만 모든 게 당신이 자초하신 것이지 뭐." 조카가 말했다.

"프레드, 저는 그분이 큰 부자인 걸로 아는데요. 아무튼 당신도 그렇게 말했고요." 조카며느리가 말했다.

"여보, 그러면 뭐 하겠어? 외삼촌 재산은 당신 자신에게는 아무 소용이 없어. 그 재산으로 좋은 일은 하나도 안 하시고, 그렇다고 당신을 위해 쓰시지도 않거든. 우리도 그 덕을 보지는 못할 거라는 건 뻔한 일이야." 조카가 말했다.

"전 그분은 정말 참을 수가 없어요." 조카며느리가 말했다.

"아니, 난 참을 수 있어. 나도 외삼촌에게 유감이 많지만, 화가 나도 화를 낼 수는 없어. 인색하고 성미가 고약해서 고통을 당하는 것은 결국 외삼촌 자신뿐이잖아. 외삼촌은 우릴 싫어하기 때문에 우리 집에 오셔서 식사도 안 하시겠대. 어쨌든 우리가 대단한 음식을 대접할 만한 여유가 있는 것도 아니지만." 조카가 말했다.

P. 66 "그렇긴 하죠. 당신 벌이를 감안하면 우리는 아주 잘 먹는 셈인 것 같아요."

손님들은 하나같이 오늘 식사가 왕의 진수성찬에 못지 않았다고 입을 모았다.

"아이고, 그렇게 말씀해 주시니 아주 기쁘군요." 조카가 말했다.

"프레드, 하던 얘기나 계속해 봐요. 이 사람은 이야기를 시작하면 끝을 맺지 못한다니까요." 조카며느리가 손뼉을 치며 말했다.

"내 말은 외삼촌이 우릴 싫어하시기 때문에 아주 즐거운 사교 생활을 모르신다는 거야. 따로 다른 좋은 사람들과 어울리지 않는 것도 분명하고. 곰팡내로 찌든 오래된 사무실에 앉아서 돈 세는 것이나 좋아하시지. 난 그런 외삼촌이 가엾어서 해마다 좋아하시든 싫어하시든 함께 식사를 하자고 권하는 거야. 외삼촌은 아마 돌아가시기 전까지 크리스마스 때마다 불평하고 푸념을 늘어 놓으실지도 몰라. 하지만 그렇더라도 외삼촌이 혹시 사무실에 있는 그 가난한 서기에게 50파운드라도 남겨 주신다면 대단한 일이 되겠지."

그들 부부는 음악을 좋아했다. 그래서 차를 마신 후 스크루지의 조카며느리가 하프 앞에 앉아 흥겨운 곡을 연주했다.

스크루지는 기숙 학교 시절부터 그 곡을 잘 알고 있었다. 팬이 찾아올 때마다, 그는 그 곡을 휘파람으로 불었고 그 가락에 맞춰 누이동생이 노래를 하곤 했다. 그 당시 자신은 지금보다 더 다정했고 사려깊은 사람이었다.

P. 67 하지만 이제 그는 자신이 비열하고 이기적인 노인에 불과하다는 사실을 깨달았다.

그들이 음악만으로 저녁 시간을 다 소비한 것은 아니었다. 그 자리에는 젊은 사람과 나이 든 사람 전부 합쳐 20명이 있었고, 그들 모두가 게임에 참여했다. 그들이 즐겁게 시간을 보내는 동안 집 안은 웃고 떠드는 소리로 떠들썩했다.

스크루지도 게임에 참여했지만, 그들이 자신을 볼 수도 없고 자신이 말하는 소리를 듣지도 못한다는 사실을 까맣게 잊고 있었다. 그는 유령에게 손님들이 모두 떠날 때까지 머물게 해 달라고 간청했다. 하지만 유령은 그건 불가능하다고 말했다.

"사람들이 이제 막 새로운 게임을 시작했어요. 부디, 친절한 유령님, 딱 30분만 더 머물게 해 주세요." 스크루지가 말했다.

그것은 '네, 아니오' 라는 게임이었다. 스크루지의 조카가 어떤 사물이나 사람을 생각하면, 다른 사람들이 질문을 해서 그것이 무엇인지 맞추는 게임이었다. 그리고 질문에 대해 조카는 '네' 또는 '아니오' 라는 대답만 할 수 있었다. 질문 공세가 시작되었다. 스크루지의 조카는 그것이 동물이고 아직 살아있느냐는 질문에 '네' 라고 대답했다.

P. 68 그 동물은 성질이 고약하고 무례했다. 런던에 살고 있으며 종종 으르렁거리고 투덜거렸다. 혼자 살고 있으며 동물원에 사는 건 아니라고 했다. 농장에서 키우는 동물도 아니고, 개나 고양이도 아니라고 했다. 새로운 질문이 나올 때마다 조카는 배꼽이 빠지도록 웃어댔다.

"알겠어요, 알겠어." 손님들 중 한 사람이 소리쳤다. "당신의 외삼촌 스크루지."

"맞습니다." 프레드가 말했다. "자, 외삼촌이 이렇게 우리를 웃게 해 주셨으니, 그분을 위해 건배를 해야겠군요."

"스크루지 외삼촌을 위하여." 그들은 다같이 입을 모았다.

"어디에 계시든, 즐거운 크리스마스를 보내시고 새해 복 많이 받으시길!" 스크루지의 조카가 이렇게 말하며 덧붙였다. "그분은 이런 저의 인사를 달가워하시지 않겠지만, 어쨌든 그렇게 되시기를 기원합니다. 스크루지 외삼촌을 위하여!"

그 주인공인 스크루지는 가능하다면 그곳에 계속 머물면서 감사의 말도 전하고 싶은 심정이었다. 하지만 유령은 순식간에 그를 데리고 그곳을 벗어났다. 그들은 사방팔방을 돌아다니며 많은 행복한 가정들을 둘러보았다. 또한 병원이건 감방이건 모든 불행한 피난처에서도 그들은 발길을 멈추고 가난한 이들이 살아남기 위해 몸부림치는 광경을 지켜보았다. 유령은 그런 곳마다 축복을 내려 주었고 스크루지에게 사랑과 이타심을 일깨워 주었다.

무척이나 긴 밤이었다. 그리고 시간이 좀 지난 후, 스크루지는 이상한 점을 눈치챘다.

P. 69 자신은 항상 변함이 없는 것 같은데, 유령은 눈에 띄게 늙어가고 있었다. 스크루지는 이 점에 대해 아무런 말을 하지 않았지만, 어린이들의 12일절 전야제 파티장을 떠나면서 유령을 쳐다보았다.

"유령의 삶은 왜 그렇게 짧습니까?" 그는 물었다.

"우리는 이승에서 아주 짧은 삶을 살 수 있네. 나의 삶은 오늘밤으로 끝나지." 유령이 말했다.

"오늘 밤이라고요?" 스크루지는 물었다.

"그래, 오늘 밤 자정이면 끝나지. 서두르세, 시간이 얼마 없네." 유령이 말했다.

11시 45분을 알리는 종소리가 들렸다.

"이런 질문을 해서 죄송합니다만, 옷자락 밖으로 조그만 발이 하나 삐져나와 있는데요." 스크루지가 유령의 옷을 유심히 바라보며 말했다.

유령의 옷자락 밑에서 매우 불행해 보이는 어린 아이 두 명이 나타났다. 그들은 유령의 옷자락을 붙잡고 스크루지를 노려보았다. 아이들은 피부가 누렇게 뜨고 앙상하게 말랐으며 쪼글쪼글한 모습이었다. 입고 있는 옷은 꾀죄죄하고 작은 몸뚱이마저 제대로 가려주지 못할 정도로 형편없었다.

P. 70 스크루지는 충격을 받았다. 귀여운 아이들이라고 말하고 싶었지만, 말문이 막혀 버렸다.

"유령님, 애들이 당신의 아이들입니까?" 스크루지가 물었다.

"모든 인간의 아이들이지." 유령은 그들을 바라보며 말했다. "사내 아이의 이름은 '무지'이고, 여자 아이의 이름은 '궁핍'이라네. 이 둘을 모두 조심하게. 하지만 무엇보다도 사내 아이를 조심하게. 내가 보기에는 이 아이의 이마에 파멸이란 글자가 쓰여 있으니까. 그 글자가 지워지지 않는 한 조심하게. 물리치게!"

"이 아이들에게는 집이나 가족이 없습니까?" 스크루지가 말했다.

"감옥이 없느냐고? 구빈원이 없느냐고?" 유령은 스크루지가 했던 말을 고스란히 빌려 말했다.

그때 자정을 알리는 종소리가 들렸다.

스크루지는 현재의 크리스마스 유령을 찾았지만 이미 사라져 버렸다. 12번째 마지막 종소리가 울릴 때, 스크루지는 제이콥 말리의 예언이 떠올랐다. 고개를 들어 보니 안개 속에서 헐렁한 옷을 걸친 채 두건을 쓴 근엄한 유령이 그를 향해 다가오고 있는 것을 보았다.

4장
마지막 유령

P. 71 유령은 스크루지 쪽으로 천천히 그리고 조용히 다가왔다. 유령은 검은 망토로 온몸을 휘감은 채 손 하나만 밖으로 내밀고 있었다. 유령은 키가 크고 당당한 느낌을 주었는데, 스크루지는 그 신비스런 존재에 압도되어 두려움에 휩싸였다. 유령은 아무 말도 하지 않았다.

"제가 미래의 크리스마스 유령을 뵙고 있는 겁니까?" 스크루지가 말했다.

유령은 대답하지 않고 손으로 앞을 가리켰다.

"이제 제게 미래를 보여주실 거죠. 그렇지 않나요, 유령님?" 스크루지가 말했다.

그 질문에 돌아온 대답이라곤 유령이 가볍게 고개를 끄덕인 것뿐이었다.

스크루지는 말 없는 유령이 너무 무서워 다리가 후들거렸다. 유령은 스크루지가 다시 정신을 차리도록 잠시 기다렸다.

P. 72 스크루지가 말했다. "미래의 유령님, 당신은 제가 지금까지 만나온 유령들 가운데 가장 무섭습니다. 저는 당신이 이곳에 오신 목적이 저를 이기적인 인간에서 선하고 자비로운 인간으로 거듭나게 하려는 것임을 알고 있습니다. 기꺼이 그리고 감사하는 마음으로 유령님을 따르겠습니다. 제게 아무 말도 안 하실 겁니까?"

유령은 여전히 아무 말을 하지 않고 계속 앞쪽을 가리킬 뿐이었다.

"앞장서 주세요. 아침이 금세 다가올 테니 시간이 얼마 없습니다. 앞장서 주세요, 유령님." 스크루지가 말했다.

스크루지는 유령을 따라갔고, 이내 그들은 도시 한복판에 와 있었다.

유령은 상인이 여럿 모여 있는 곳에 멈춰 섰다. 스크루지는 호기심이 동해 그들의 대화에 귀를 기울였다.

"아니, 난 아는 게 별로 없어, 정말이야. *그가 죽었다는 것밖에 몰라.*" 뚱뚱한 사내가 말했다.

"언제 죽었다는데?" 키 크고 마른 사내가 물었다.

"어젯밤이라고 하던걸." 뚱뚱한 사내가 말했다.

"저런, 왜 죽었지?" 키 크고 마른 사내가 다시 물었다.

"그건 아무도 몰라." 뚱뚱한 사내가 하품을 하며 말했다.

"돈은 다 어떻게 했대?" 얼굴이 불그스름한 사내가 물었다.

P. 73 "그 얘긴 못 들었어." 뚱뚱한 사내가 다시 나오는 하품을 참으며 말했다. "아마 회사에다 남겼겠지. 나한테 남기지 않은 건 분명해. 내가 아는 건 그것뿐이야."

사내의 말에 사람들이 한바탕 크게 웃었다.

"장례식은 틀림없이 싸구려로 치러질 거야. 조문객이 있을지나 모르겠군. 우리 모두 함께 가 보는 게 어때?" 뚱뚱한 사내가 말했다.

"점심을 주면 못 갈 것도 없지." 키 크고 마른 사내가 말했다.

"흠, 누군가 가겠다면 나도 갈 거야. 생각해 보니, 내가 그 사람의 유일한 친구였음이 분명해. 우리는 가끔씩 마주치면 멈춰 서서 얘기를 나누곤 했으니까. 이제 난 가 봐야겠어. 잘들 가게." 뚱뚱한 사내가 말했다.

사내들은 뿔뿔이 흩어져 다른 무리에 섞이거나 각자의 일터로 돌아갔다. 스크루지는 예전부터 그들과 거래를 해 왔기 때문에 그들의 얼굴을 잘 알았다. 스크루지는 유령이 왜 자신과 함께 그곳에 멈춰 서서 사내들의 대화를 들었는지 그 이유를 설명해 주기를 기다렸다.

P. 74 하지만 여전히 유령은 아무 말이 없었다.

그러더니 유령은 어느새 다른 거리로 미끄러지듯 들어서더니 매우 부유하고 유명한 상인 두 명을 가리켰다. 그들은 대화에 열중해 있었다. 스크루지도 그들을 알고 있었다.

"어떻게 지내는가?" 그 중 한 사내가 말했다.

"잘 지내지, 고맙네. 자네는 어떤가?" 다른 사내가 말했다.

"나도 잘 지낸다네. 그 늙은 악마가 드디어 세상을 떠났다는군." 첫 번째 사내가 말했다.

"나도 소식 들었네. 꽤 춥군, 그렇지?" 두 번째 사내가 말했다.

"크리스마스에 딱 어울리는 날씨야." 첫 번째 사내가 말했다.

"그래 맞아. 자, 난 이제 그만 가 봐야겠네. 오늘 무척 바쁘거든. 잘 가게." 두 번째 사내가 말했다.

"잘 가게. 명절 잘 쇠게, 친구." 첫 번째 사내가 말했다.

그 밖의 별다른 말은 없었다. 그것은 그들의 만남이고 대화이고 작별일 뿐이었다.

스크루지는 유령이 왜 그런 사소한 대화를 중요하게 여기는지 의아하게 여겼다. 무슨 의도일까? 사람들이 자신의 옛 동업자인 제이콥 말리의 죽음을 이야기하는 것 같지는 않았다.

P. 75 그건 이미 과거의 일이고, 이 유령은 미래의 유령이었다. 그렇다면 이 모든 사람들이 얘기하는 인물은 과연 누구란 말인가? 스크루지는 자신의 미래 모습을 찾으려고 둘러보았지만 눈에 띄지 않았다. 한편, 유령은 한 손을 뻗은 채 스크루지의 옆에 조용히 서 있었다. 스크루지는 보이지 않는 유령의 눈이 자신을 보고 있다는 느낌에 몸을 떨었다.

그들은 번화한 거리를 벗어나 스크루지가 도시에서 한 번도 가 본 적이 없었던 곳으로 들어갔다. 골목길들은 좁고 더러웠으며, 가게와 집들은 수리를 하지 않아 엉망이었다. 스크루지는 뒷골목에서 풍겨 나오는 악취를 맡지 않으려고 코를 감싸 쥐었다. 그곳 사람들은 게으르고 대부분 술에 취해 있었다. 쥐가 들끓는 이 비참한 지역 곳곳에서는 범죄가 기승을 부리고 있었다.

그들은 지저분하고 허물어질 듯한 오래된 가게 앞에 멈춰 섰다. 그곳은 사람들이 온갖 종류의 물건을 팔러 오는 고물상이었다. 가게 바닥에는 녹슨 열쇠, 못, 사슬, 각종 고철류가 무더기로 쌓여 있었다. 또한 산더미처럼 쌓인 넝마, 냄새가 지독한 비계 덩어리들, 뼈 무더기도 있었다.

P. 76 가게 한가운데에는 머리가 희끗희끗한 노인 한 명이 조그만 석탄 난로 옆에 앉아 있었다. 바깥의 찬 공기를 막아 주는 것은 더럽고 너덜너덜한 낡은 커튼 하나뿐이었다.

스크루지와 유령이 그곳에 도착하자마자 한 여인이 가게 안으로 들어섰다. 여인은 묵직한 보따리를 안고 있었다. 그 여인 뒤로는 역시 팔 물건을 들고 있는 또 한 명의 여인과 색이 바랜 검은 옷을 입은 남자 한 명이 따라 들어왔다. 서로를 알아 본 그들은 깜짝 놀라더니 웃음을 터뜨렸다.

"내가 먼저 할게요." 먼저 들어선 파출부가 가게 주인에게 말했다. "그 다음에 세탁부와 장의사 조수를 보세요. 우리 모두 여기에 동시에 도착하다니 정말 기막힌 일 아녜요?"

"자네들이 여기 아니면 또 어디서 만나겠는가." 가게 주인인 조 영감이 말했다. "거실로 들어오게. 여긴 좀 더 따뜻하니까. 자, 이제 자네들이 팔 물건을 보여 주게."

노인은 난롯불을 돋우고 램프를 켰다.

세탁부가 보따리를 바닥에 털썩 내려놓고 자리에 앉았다. 그리고 시비조의 눈초리로 다른 두 사람을 노려보았다.

"자, 자, 딜버 부인. 누구든 제 몫을 스스로 챙길 권리가 있는 거예요.

P. 77 그 작자도 그랬잖아요!" 파출부가 말했다.

"그건 정말 옳은 말이에요." 세탁부가 말했다.

"그렇다면 두려울 게 뭐가 있어요? 우린 서로에 대한 이야기를 다른 데 가서 안 하면 되잖아요." 파출부가 말했다.

"그래요. 그러는 게 좋겠군요." 딜버 부인과 장의사 조수가 입을 모아 말했다.

"좋아요, 그럼, 이제 험한 인상 좀 펴시고요. 물건 몇 개 없어졌다고 누가 눈치를 채겠어요? 죽은 사람은 절대 그렇게 못할 테고요." 파출부가 말했다.

"물론이에요. 부인 말이 맞아요." 딜버 부인이 말했다.

"생전에 좀 더 너그러웠다면, 혼자서 그렇게 외로이 죽진 않았겠죠. 누군가는 곁에서 그를 보살펴 주었을 거예요." 파출부가 말했다.

"맞아요. 그는 응분의 대가를 치른 것뿐이에요." 딜버 부인이 말했다.

"조 영감님, 제 보따리를 끌러 보세요. 그리고 물건값이 얼마나 나가는지 알려 주세요. 제가 가져온 물건을 다른 사람들이 봐도 상관없어요.
P. 78 우리가 한 짓은 죄라고 할 것도 없어요. 그 수전노 영감이 죽기 전에 우리에게 빚진 것을 챙긴 것뿐이니까요." 파출부가 말했다.

하지만 가장 먼저 가방을 연 것은 장의사 조수였다. 가방 안에는 도장 몇 개와 필통 하나, 단추 몇 개, 그리고 싸구려 브로치 한 개가 들어 있었다. 조 영감은 물건들을 잘 살펴보고 값을 얼마나 쳐 줄지 알려 주었다.

"물건 값어치는 그 정도일세. 그 가격에서 한 푼도 더 줄 수는 없네. 다음은 누군가?"

딜버 부인이 그 다음에 나섰다. 침대보와 수건 몇 장, 구식 은제 찻숟가락 두 개, 각설탕 집게 하나, 장화 몇 켤레였.

"난 여자들한테 약해서 늘 물건값을 후하게 쳐주곤 하지. 난 이래서 망할 거야. 자, 딜버 부인, 이 정도 쳐 줄 테니 더 이상은 요구하지 마시오."

그러면서 조 영감은 동전 몇 닢을 건넸다.

"제 보따리도 풀어 봐 주세요, 조 영감님." 파출부가 말했다.

조 영감은 그녀의 보따리를 풀고 몇몇 옷가지와, 묵직하고 커다랗게 말려 있는 검은 물체를 꺼냈다.

"이게 무엇인가?" 그가 말했다.

"침대 커튼이에요." 그녀가 웃으며 말했다.

"그렇다면 시신이 아직 누워 있는데도 이걸 걷어 왔다는 말인가?"
P. 79 "그래요, 안될 거 없잖아요? 이미 죽었으니 추위를 느끼지 못하잖아요, 안 그래요?"

"흠, 무슨 전염병 따위로 죽은 게 아니면 좋겠군." 조 영감이 말했다.

"아뇨, 그렇지 않아요. 그리고 저 리넨 셔츠는 구멍도 하나 안 났어요. 그 작자의 옷 중 제일 좋은 건데, 만약 제가 가져오지 않았으면 아깝게 버릴 뻔했지 뭐예요." 그녀가 말했다.

"아깝게 버리다니 무슨 말인가?" 조 영감이 물었다.

"시신과 함께 묻혀 버릴 테니까요." 파출부가 웃으며 말했다. "그래서 제가 싸구려 옥양목 옷으로 바꿔 놓았어요. 별로 좋아 보이진 않아도, 그만하면 시신의 옷으로는 충분하죠. 그런다고 그 사람이 지금보다 더 추해 보이는 것도 아니고요."

스크루지는 사람들이 부정하게 얻은 돈을 세고 있는 광경을 지켜보며 충격과 혐오감에 휩싸였다. 그는 사람들이 그 가엾고 불행한 고인에 대해 어떻게 그런 말을 할 수 있는지 도저히 이해할 수 없었다.

"그 작자는 살아 있을 때 누구든 겁을 줘서 쫓아 버리곤 했지요." 파출부가 웃으며 말했다. "이제 그 작자가 죽었으니 우리가 이득을 볼 차례예요."

P. 80 스크루지는 머리부터 발끝까지 온몸을 부들부들 떨며 말했다. "유령님, 알겠습니다. 저도 저 불행한 죽은 남자와 같은 처지가 될 수 있겠군요. 저 역시 이기적이고 냉혹한 사람이었습니다. 아이고, 이런, 여기는 또 어디입니까?"

그는 두려움에 사로잡혀 주춤거렸다. 장면이 바뀌었다. 이번엔 어딘지 알 수 없는 아주 어두운 방 안이었다. 커튼 없는 침대 위에 희미한 불빛이 내리비치고 있었다. 어떤 한 남자의 시신이 너덜너덜한 시트에 덮인 채 지켜보는 이도 울어 주는 이도 돌봐주는 이도 하나 없이 누워 있었다. 스크루지는 유령을 힐끔 쳐다보았다. 꼿꼿한 유령의 손이 시트에 덮여 있는 시신의 얼굴 쪽을 가리키고 있었다. 스크루지는 시트를 들추면 즉시 시신의 얼굴을 확인할 수 있을 것이라고 생각했다. 또한 그러고 싶은 마음이 간절했다. 하지만 그는 꼼짝도 할 수가 없었다. 팔다리의 맥이 완전히 풀려 버린 것 같았다.

오, 차디차고 끔찍스런 죽음이여, 그대는 따스하고 부드러운 마음을 멎게 할 힘을 지녔도다. 하지만 그대는 그 마음이 이루어 놓은 선행은 결코 퇴색시키지 못하리라. 생전에 뿌려 놓은 자비와 선행의 씨앗으로부터 온정과 사랑이 계속 번성할지니.

목소리가 전혀 들리지는 않았지만, 침대를 바라보는 스크루지의 귀에는 이런 말이 똑똑히 들렸다.

P. 81 만약 이 남자가 다시 살아난다면 가장 먼저 탐욕스럽고 이기적인 생각부터 하게 될까? 쥐들이 허둥지둥 지나가고 고양이가 문을 미친 듯이 긁어대는 소리가 들렸다. 녀석들이 왜 저렇게 불안해 하는 것일까? 스크루지는 그 이유를 차마 떠올릴 수 없었다.

"유령님, 여기는 정말 끔찍합니다. 여길 떠나게 해 주세요. 저는 교훈을 얻었습니다."

유령은 여전히 시신의 머리를 가리켰다.

스크루지는 말했다. "유령님이 무엇을 원하시는지 압니다. 하지만 제게는 그럴 기운이 없습니다. 만약 이 남자의 죽음에 관심을 가진 이가 한 사람이라도 있다면, 제게 보여 주십시오. 유령님, 간청 드립니다. 보여 주십시오."

유령은 아무 말 없이 한 어머니가 아이들과 함께 누군가를 초조하게 기다리고 있는 광경을 보여 주었다. 그녀는 방 안을 왔다 갔다 하거나 창 밖을 내다보기도 하고 이따금씩 시계를 쳐다보았다. 아이들이 장난치는 소리마저 신경에 거슬리는 듯했다. 마침내 그녀의 남편이 집으로 돌아왔다. 그는 젊었지만 얼굴에는 걱정과 피로로 주름이 져 있었다. 하지만 자리에 앉자 그의 얼굴에는 미소를 억누르고자 애쓰는 표정이 역력했다.

P. 82 "좋은 소식인가요, 나쁜 소식인가요?" 아내가 물었다.

"나쁜 소식이야." 남편이 말했다.

"그럼 이제 우린 끝이군요." 그녀는 절망감에 두 손을 움켜쥐며 말했다.

"아니야, 캐롤라인. 아직 희망이 있어. 그 사람이 죽었어."

그녀는 인정 많고 인내심이 있는 사람이었지만, 그 소식을 듣고 고마움을 느꼈다. 하지만 그 즉시 그런 마음을 품은 데 대해 용서를 빌었다.

남편이 말했다. "기억나지? 어젯밤에 그 사람이 너무 아파서 나를 만날 수 없다고 내가 말했잖아. 난 그 사람이 대부 기한을 연장해 주지 않으려고 날 피할 핑계를 대는 거라고 생각했어. 음, 내 추측이 틀린 거지. 그는 정말 많이 아팠고 죽어 가고 있었던 거야."

"그럼 우리 빚은 누구에게 넘어 가나요?" 아내가 물었다.

"모르겠어. 하지만 우리는 앞으로 빚진 돈을 갚을 수 있을 거야. 그렇게 인정사정없는 대금업자를 또다시 만나진 않겠지. 캐롤라인, 우리 오늘 밤에는 두 다리 쭉 뻗고 잘 수 있겠어."

그 남자의 죽음으로 이 가정은 더 행복해졌다.

스크루지가 말했다. "제발 죽음에 대해 동정심을 표현하는 모습을 좀 보여 주세요."

유령은 스크루지에게도 상당히 낯익은 여러 거리로 이끌었다.

P. 83 그들은 가난한 밥 크래칫의 집으로 들어갔다. 크래칫의 아내와 딸들이 바느질을 하고 있었다. 피터는 책을 읽고 있고 예전에 법석을 떨던 어린 남매는 한쪽 구석에 조용히 앉아 있었다. 집 안은 아주 고요했다. 스크루지는 이상한 분위기를 느꼈다.

> 예수께서 한 어린 아이를 불러 그들 가운데 세우시고.

"도대체 이 소리가 어디서 들려오는 거지? 내가 꿈을 꾼 건 아닌데. 아마 저 소년이 소리 내어 읽은 것이겠지. 그런데 읽다가 왜 멈추었을까?" 스크루지는 속으로 생각했다.

아이들의 어머니는 바느질감을 내려놓고 눈을 비볐다.

"촛불 곁에서 일하다 보니 눈이 나빠졌나 보다. 너희들 아버지께서 곧 오실 텐데 이런 모습을 보일 수 없지." 그녀가 말했다.

"아버지께서 늦으시네요." 피터가 책을 덮으며 말했다. "하지만 어머니, 아버지는 요즘 퇴근하시는 발걸음이 점점 늦어지시는 것 같아요."

P. 84 다시 침묵이 이어졌다. 이윽고 그녀는 한차례 더듬거렸을 뿐 차분하고 활기찬 목소리로 입을 열었다.

"너희들 아버지가 꼬맹이 팀을 업고 쏜살같이 집으로 걸어 오시던 모습이 기억나는구나."

"저도 기억나요, 자주요." 피터가 말했다.

"저도 기억나요." 아이들이 돌아가며 맞장구를 쳤다.

"꼬맹이 팀은 별로 무겁지 않았어. 아버지께서 그 아이를 무척 사랑하셨으니, 조금도 힘들지 않으셨을 거야. 조금도." 그녀가 말했다.

현관문이 열리는 소리가 나자 그녀는 남편을 맞으러 서둘러 나갔다. 화덕

위에는 그를 위한 차가 준비되어 있었고, 모두들 아버지의 차 시중을 들겠다고 아우성이었다. 그리고 두 어린 남매는 아버지 무릎 위에 올라가 아버지 뺨에 머리를 기대었다. 이는 그들이 '아빠, 슬퍼하지 마세요.' 라고 표현하는 방식이었다.

밥은 애써 쾌활하게 행동했다. 아내와 딸들이 해 놓은 바느질 솜씨를 칭찬하기도 했다.

"정말 잘했구려. 새 옷들이 일요일 장례식 훨씬 전에 준비되겠는걸." 그가 말했다.

"일요일이요? 밥, 그러고 보니 당신 오늘 그 준비를 하러 갔었군요." 아내가 물었다.

"그래, 여보. 당신도 묘지에 함께 갔으면 좋았을 텐데. 그곳에 자라 있는 풀이 얼마나 푸르른지 당신도 보면 마음에 들어 했을 거야. 나는 꼬맹이 팀에게 우리가 일요일마다 찾아가겠노라고 약속했지.

P. 85 오, 가엾은 우리 아들, 가엾은 우리 아들."

눈에서 눈물이 솟구치자 그는 울기 시작했다. 참을 수가 없었다. 그는 방을 나가 위층으로 올라갔다. 침실은 밝게 불이 켜져 있었고 크리스마스 장식물로 꾸며져 있었다. 밥은 침대 곁에 놓인 의자에 앉았다. 그는 평온하게 누워 있는 꼬맹이 팀을 바라보았다. 그리고 아이의 차디찬 조그만 손을 꼭 쥐고 조용히 기도를 올렸다. 그러고 나서 아들의 조그마한 얼굴에 마지막으로 키스를 하고 아래층으로 내려가 식구들 곁으로 갔다.

그들은 모두 불가에 둘러앉아 이야기를 나누었고, 그동안 어머니와 딸들은 바느질을 계속했다. 밥은 스크루지의 조카가 자신을 잘 알지 못하는데도 아주 친절하게 대해 주었다는 이야기를 가족에게 들려주었다.

"내가 슬퍼 보였는지 무슨 일이냐고 묻더군. 그래서 꼬맹이 팀 이야기를 하자, 그는 우리 가족에게 진심 어린 애도를 표했어. 아주 호감이 가는 젊은이던데, 그 사실은 어떻게 알았는지 모르겠군." 밥이 말했다.

P. 86 "여보, 뭘 말이에요?" 크래칫 부인이 물었다.

"그러니까, 당신이 훌륭한 아내라는 걸 말이야." 밥이 말했다.

"그걸 모르는 사람이 어디 있어요." 피터가 말했다.

"애야, 그렇긴 하지만 말이야." 밥이 말했다. "여보, 그는 특히 당신에게 심심한 애도의 뜻을 전하더군. 그는 자기 주소가 적힌 명함을 내게 주었어. 도움이 필요하면 자기를 꼭 찾아오라고 말이지. 마치 우리 꼬맹이 팀을 예전부터 잘 알고 있었고, 그래서 우리와 함께 슬픔을 나누려고 하는 것 같았어."

"정말 좋은 분이네요." 크래칫 부인이 말했다.

"여보, 당신도 그를 보면 호감이 갈 거야. 그리고 그가 우리 피터에게 더 좋은 일자리를 주선해 준다 해도 그리 놀랄 일은 아닐 거야." 밥이 말했다.

"피터, 아버지 말씀 들었니?" 크래칫 부인이 말했다.

"그렇게 되면 피터 오빠도 좋은 부인을 만나 가정을 꾸리게 되겠네요." 딸이 말했다.

"하지만 우리 식구들은 가엾은 꼬맹이 팀을 결코 잊지 못할 거야. 우리가 어디에 있더라도 말이야." 밥이 말했다.

"절대 안 잊어요, 아빠. 절대로요." 아이들이 외쳤다.

"그리고 우리는 그 애가 얼마나 참을성이 강하고 침착했는지 늘 기억할 거야. 우리는 가엾은 꼬맹이 팀을 결코 잊지 못할 거야."

크래칫 부인이 그에게 키스를 한 후 딸들과 두 어린 남매가 차례대로 아버지에게 키스를 했다. 그리고 피터는 아버지와 악수를 했다.

P. 87 스크루지가 말했다. "유령님, 이제 곧 떠나시게 될 텐데요. 우리가 보았던 죽은 사람이 누구였는지 말씀해 주세요."

미래의 크리스마스 유령은 다시 스크루지를 데리고 시간 여행을 했다.

"여긴 제 사무실이 있는 곳이군요. 미래에 제게 일어날 일을 보여 주세요." 스크루지가 말했다.

유령은 발길을 멈추었지만 손은 다른 곳을 가리키고 있었다.

"하지만 제 사무실은 저쪽입니다. 왜 다른 쪽을 가리키세요?" 스크루지가 말했다.

여전히 손가락이 가리키는 방향은 바뀌지 않았고 유령은 말이 없었다.

스크루지는 창문을 통해 안을 들여다보았다. 그곳은 이제 그의 사무실이 아니었다. 가구들이 바뀌어 있었고 모르는 사람이 의자에 앉아 있었다. 유령은 교회 묘지로 그를 인도했다.

"이곳에는 틀림없이 비열하고 이기적이었던 사람들이 묻혀 있을 거야." 스크루지는 마음 속으로 이렇게 생각했다.

유령이 무덤 중 하나를 가리켰다.

P. 88 "묘석을 보기 전에 딱 한 가지 질문에만 대답해 주세요. 우리가 보는 장면들이 반드시 일어날 일인가요, 아니면 일어날 수도 있는 일인가요?" 스크루지가 말했다.

유령은 아무런 대답 없이 무덤을 가리킬 뿐이었다.

"인생 행로에는 어떤 종착지가 예고되어 있습니다. 그 행로를 끝까지 따라가면 그곳에 도달하게 됩니다. 하지만 그 행로에서 벗어나면 종착지도 변할 겁니다. 유령님이 제게 보여주시는 것도 그럴 거라고 말씀해 주세요."

스크루지는 부들부들 떨면서 무덤 쪽으로 느릿느릿 다가갔다. 아무도 돌보지 않은 그 묘석에 '에버니저 스크루지'라는 이름이 새겨져 있는 것을 보자 그는 혼비백산했다.

"그 침대에 누워 있던 사람이 바로 나였단 말인가?" 스크루지는 털썩 무릎을 꿇으며 외쳤다.

무덤을 가리키고 있던 유령의 손가락이 스크루지 쪽으로 돌려졌다가 다시 무덤을 가리켰다.

"유령님, 안 됩니다. 이 무덤에 누워 망각 속으로 사라진 존재가 제 몸이 아니라고 제발 말씀해 주세요. 저는 이제 예전과는 다른 사람이 되었다는 걸 아시잖아요."

처음으로 유령의 손이 흔들리는 것 같았다.

"자비로우신 유령님," 스크루지가 말했다. "부디 저를 불쌍히 여겨 주세요. 앞으로 선한 삶을 살아 가면 제게 보여주신 미래를 바꿀 수 있다고 말씀해 주세요. 저는 앞으로 1년 365일 크리스마스의 의미를 실천하며 살겠습니다."

P. 90 과거와 현재와 미래를 명심하며 살겠습니다. 세 분의 유령님들을 마음 속에 간직하고 살겠습니다. 가르쳐 주신 교훈들을 결코 저버리지 않겠습니다. 오, 제발 이 묘비의 이름을 지울 수 있다고 말씀해 주십시오."

그는 괴로움에 몸부림치며 유령의 손을 잡았다. 유령은 그의 손길을 뿌리치려 했지만, 스크루지는 온 힘을 다해 단단히 붙잡았다. 하지만 유령은 힘이 더욱 강해졌고 결국 그의 손길을 뿌리쳤다. 스크루지는 털썩 무릎을 꿇고 말았다. 스크루지는 자신의 운명을 바꿀 수 있게 해 달라고 기도했다. 그

때 유령의 모습이 점차 줄어들고 허물어지면서 침대 기둥으로 변하는 광경에 매우 놀랐다. 그렇다, 침대 기둥이 되었다!

5장
이야기의 결말

P. 91 그렇다, 그건 그의 침대 기둥이었다. 스크루지는 자기 방에 다시 돌아왔다는 사실이 너무 기뻤다.

"내 침대 커튼도 그대로 있는걸." 이렇게 말하고 나서 스크루지는 크게 흐느끼기 시작했다. "뜯어내지 않았어. 커튼이 침대 주위에 그대로 있고 지금 나는 내 방에 있는 거야."

얼굴은 눈물로 범벅이 되고 감정에 북받쳐 갈라진 목소리로 그는 선언했다. "나는 미래를 보았고 반드시 그것을 바꾸고 말 거야! 난 그렇게 할 수 있고 할 거라는 걸 알아!"

침대를 박차고 나오면서 그의 마음은 선의를 실천하려는 열의로 달아올랐다.

"난 과거와 현재와 미래를 명심하며 살 거야. 그 세 분의 유령들을 항상 잊지 않고 살겠네, 제이콥 말리." 스크루지가 말했다.

P. 92 그는 너무 흥분해서 옷도 제대로 입지 못할 정도였다. 처음에는 셔츠를 뒤집어 입었다. 그 다음엔 바지의 앞뒤를 분간 못하고 발을 꿰고 말았다.

"내가 뭘 하고 있는지 모르겠군." 이렇게 말하며 스크루지는 웃으면서 동시에 울었다. "마음이 깃털처럼 가벼운걸. 마치 소년처럼 즐거운 기분이야. 여러분 모두 메리 크리스마스! 세상 사람들 모두 새해 복 많이 받으세요!"

그는 거실로 깡충깡충 뛰어 들어가 숨이 턱에 닿을 때까지 방 안을 돌며 덩실덩실 춤을 추었다.

"저게 제이콥 말리의 유령이 통과해 들어온 문이군. 저 구석은 현재의 크리스마스 유령이 앉아 있던 곳이고. 저 창문에서는 유령들이 방황하는 광경을 보았지. 그건 전부 실제로 일어났던 일이야. 모두 사실이었어. 하하하."

오랜 세월 웃음을 모르고 살았던 사람치고 그는 정말 호쾌하고 듣기 좋은 웃음을 터뜨렸다.

"유령들과 얼마나 오랫동안 함께 있었는지 모르겠군. 아무것도 모르겠어. 괜찮아. 상관없어." 스크루지가 말했다.

갑자기 지금까지 들어 본 교회 종소리 중 가장 큰 종소리가 들려왔다.

"오, 멋지군, 멋져. 참 훌륭한 소리인걸." 그는 열려 있는 창으로 달려가며 외쳤다.

P. 93 밖은 안개 한 점 없을 뿐 아니라 밝고 청명했고 싱그러운 공기로 충만했다. 찬란한 햇살과 몸을 요동시키는 추위에 자극된 스크루지는 곧 다시 춤을 추었다.

"애야, 오늘이 며칠이니?" 스크루지는 창문 아래쪽 길에 있는 한 소년에게 외쳤다.

"오늘이요?" 소년이 말했다. "저, 오늘은 크리스마스잖아요, 어르신."

"오, 다행이군. 크리스마스가 아직 지나지 않았어." 스크루지는 혼잣말을 중얼거리고는 이렇게 외쳤다. "애야, 다시 나 좀 보자."

"네." 소년이 외쳤다.

"너 저 너머 거리 모퉁이에 있는 어리전을 아니?" 스크루지가 말했다.

"알고말고요, 어르신." 소년이 말했다.

"정말 똑똑한 소년이구나! 너 그 가게에 걸려 있는 가장 큰 칠면조가 이미 팔렸는지 혹시 아니?" 스크루지가 말했다.

"저만큼 커다란 칠면조 말씀이시죠?" 소년이 말했다.

P. 94 "오, 참 쾌활한 소년이군." 스크루지가 나지막이 말했다. "그래, 바로 그거 말이야."

"아직 거기 있어요." 소년이 대답했다.

"오, 그래. 너 거기 가서 내 대신 그걸 좀 사 주겠니? 사람들에게 그걸 여기로 가져오라고 해 주렴. 그럼 내가 그들에게 어디로 배달할지 일러 줄게. 가게 주인을 데리고 오면 1실링을 주마. 만약 5분 내로 오면 반 크라운을 줄 거고." 스크루지가 말했다.

소년이 쏜살같이 달려갔다.

"그걸 밥 크래칫의 집으로 보내야겠어." 스크루지는 나직이 중얼거리고는 손을 비벼대며 큰 웃음을 터뜨렸다. "그는 내가 보냈다는 걸 모르겠지. 꼬맹이 팀보다 두 배는 더 큰 칠면조를 말이야."

그는 크래칫의 주소를 쪽지에 적은 후 아래층으로 내려갔다.

"오, 그래, 칠면조가 왔군." 스크루지가 말했다. "고맙습니다, 친절하시군요. 당신과 당신 가족을 위해 메리 크리스마스!"

"지금껏 장사를 하면서 이렇게 큰 칠면조는 처음입니다, 어르신." 가게 주인은 칠면조를 잡고 있느라 낑낑거리면서 말했다.

"이렇게 큰 칠면조를 캠던 타운까지 들고 가는 건 불가능하겠어요. 마차를 불러야겠군요." 스크루지가 말했다.

P. 95 스크루지는 싱글싱글 웃기 시작했다. 그렇게 싱글싱글 웃는 것은 전혀 그답지 않은 행동이었지만 억제할 수가 없었다. 그는 칠면조 값을 계산할 때, 마차 삯을 지불할 때, 소년에게 심부름 값을 줄 때 그렇게 웃었다. 다시 집 안으로 들어왔을 때는 너무 많이 웃은 탓에 잠시 주저앉아 숨을 돌려야만 했다. 그러고 나서 그는 흐느끼기 시작했는데, 그 이유가 피로감 때문인지 행복감 때문인지 자신도 알 수가 없었다.

드디어 스크루지는 가장 좋은 옷으로 차려 입고 거리로 나섰다. 그는 만나는 모든 사람에게 반가운 웃음을 지으며 인사했다. 그가 너무 즐거워 보이자 몇몇 젊은이들은 "안녕하세요, 어르신. 메리 크리스마스." 하고 인사를 건넸다. 스크루지는 그런 인사가 자기가 들었던 말 중 가장 기분 좋은 말이라고 생각했다.

길을 나선 지 얼마 안 되어 스크루지는 풍채 좋은 한 신사가 자기 쪽으로 걸어오고 있는 것을 보았다. 그는 전날 사무실로 찾아와 "여기가 스크루지 앤드 말리 사무실이죠?"라고 했던 바로 그 사람이었다.

"선생님, 안녕하세요? 어제 성금을 많이 모으셨는지 모르겠군요.

P. 96 우리 이웃에 있는 가난하고 어려운 사람들을 위해 이렇게 애쓰시다니 정말 훌륭하십니다." 스크루지가 말했다.

그리고 그 노신사의 두 손을 마주잡고 말했다. "선생님, 메리 크리스마스."

"스크루지 씨군요." 신사가 말했다.

"네, 스크루지입니다. 그리고 제가 어제 무례하게 굴었던 것을 사과 드리겠습니다. 선생님의 자선 사업에 100파운드를 기부하고 싶은데 받아 주시겠습니까?" 스크루지가 말했다.

"아이고, 세상에!" 신사는 숨이 넘어갈 듯한 목소리로 말했다. "스크루지 씨, 진심이십니까?"

"그렇습니다. 한 푼도 에누리 없이 100파운드를 기부하겠습니다. 받아 주시겠습니까?" 스크루지가 말했다.

"어르신," 신사는 스크루지의 손을 잡고 흔들며 말했다. "정말 너그러우신 마음씨에 뭐라고 감사를 드려야 할지 모르겠습니다."

"제발 아무 말도 하지 마십시오. 나중에 절 찾아와 주세요. 그렇게 해 주시겠습니까?" 스크루지가 말했다.

"아, 그럼요, 그렇겠습니다." 노신사가 외쳤다. 그의 목소리에 그렇게 하겠다는 의사가 분명히 드러났다.

"고맙습니다. 정말 감사합니다. 선생님께 축복을 기원합니다." 스크루지가 말했다.

스크루지는 교회에 가서 사람들이 분주히 오가는 모습을 지켜보았다.

P. 97 아이들의 머리도 쓰다듬어 주고 걸인들에게 말을 건네기도 했다. 다른 집들의 부엌을 들여다보거나 창문 너머를 살펴보기도 했다. 그의 눈에 보이는 광경들은 하나같이 즐거웠다. 스크루지는 무엇이든 이렇게 충만한 행복감을 줄 수 있다는 사실을 꿈에도 생각하지 못했다.

오후에 스크루지는 조카의 집을 찾아갔다.

그는 열두 번쯤 조카네 문 앞을 왔다 갔다 하다가 드디어 용기를 내어 멈춰 서서 문을 두드렸다.

"주인 양반 집에 계시는가?" 문을 연 여자 아이에게 스크루지가 말했다.

"네, 계세요, 어르신." 여자 아이가 말했다.

"어디 있는가?" 스크루지가 말했다.

"부인과 함께 식당에 계세요. 절 따라 오세요, 어르신." 그녀가 말했다.

"고맙다. 하지만 주인 양반과 난 아는 사이란다." 스크루지가 말했다. 그는 식당 문을 살그머니 연 다음 머리만 살짝 들이밀어 안을 살폈다. 조카 내외가 식탁에 음식 차리는 일을 마무리하는 중이었다.

"프레드!" 스크루지가 불렀다.

P. 98 그들을 놀라게 할 생각은 없었지만, 갑자기 들려온 스크루지의 목소리에 두 사람은 소스라치게 놀랐다.

"이런 세상에, 누구세요?" 프레드가 말했다.

"나야, 네 외삼촌, 스크루지. 저녁을 함께 하러 왔다. 프레드, 허락해 주겠니?" 스크루지가 말했다.

허락이라니! 그가 외삼촌의 팔을 흔들어 빠지게 하지 않은 것만 해도 다행이었다. 5분도 안 되어 스크루지는 마음이 아주 편안해졌다. 더할 나위 없이 즐거웠다. 흥겨운 게임도 하고 신나게 웃어대며 진정한 행복감을 느낄 수 있었던 훌륭한 파티였다.

다음날 아침 스크루지는 사무실에 일찍 도착했다. 원래 그는 사무실에 먼저 나가 자신보다 늦게 출근하는 밥 크래칫의 덜미를 잡을 심산이었다. 그런데 실제로 그렇게 했다. 맞다, 그렇게 한 셈이 되었다! 시계가 9시를 알렸다. 밥은 도착하지 않았다. 9시 15분이 되어도 나오지 않았다. 밥은 무려 18분 하고도 30초나 지각을 했다. 스크루지는 서기가 사무실로 들어오는 순간을 놓치지 않으려고 문을 활짝 열어놓은 채 앉아 있었다.

밥은 모자를 벗어 들고 문을 열었다. 그리고 재빨리 자리에 가서 앉더니 마치 지각 때문에 잃어 버린 시간을 벌충하려는 듯 열심히 일하기 시작했다.

"어이, 이 시간에 출근하다니 도대체 무슨 배짱인가?" 스크루지가 평소처럼 퉁명스럽게 외쳤다.

"정말 죄송합니다, 사장님. 늦어서 죄송합니다." 밥이 말했다.

P. 99 "분명히 늦었지. 그래, 늦었고 말고. 자, 이쪽으로 와 보게." 스크루지가 말했다.

"일 년에 딱 한 번뿐입니다, 사장님. 다시는 이런 일이 없도록 하겠습니다. 어제 가족들과 파티를 했거든요, 사장님." 밥이 말했다.

"여보게, 자네에게 할 말이 있네." 스크루지는 걸상에서 벌떡 일어나며 말했다. "난 더 이상 이런 식은 참을 수가 없네. 그래서 자네 봉급을 올려 줄 생각이네."

밥은 스크루지가 자기를 심하게 조롱하고 있다는 생각에 분노로 치를 떨었다. 드디어 스크루지가 미친 게 틀림없었다. 밥은 스크루지를 때려눕힌 후 사람을 불러 구속복을 입혀 정신병원으로 보내야겠다는 생각이 들었다.

"밥, 메리 크리스마스." 스크루지는 그의 등을 두드리며 말했다. "진심이네. 오랫동안 내가 크리스마스 때마다 자네를 소홀히 대했으니 이번에는 정말로 큰 축복을 받았으면 좋겠네. 난 자네 봉급도 올려 주고 고생하는 자네 식구들도 도와주고 싶네. 오늘 오후에 의논해 보세. 밥 크래칫, 글을 쓰기 전에 우선 석탄이나 한 통 더 가져와 불부터 더 지피게나."

P. 100 스크루지는 자신이 다짐했던 것보다 훨씬 선량한 사람이 되었다. 자기가 약속했던 것들을 모조리 실천했을 뿐 아니라, 더 나아가 많은 선행을 베풀었다. 간신히 살아난 꼬맹이 팀에게는 양아버지가 되어 주었다. 에버니저 스크루지는 선량한 사람이자 훌륭한 사장이면서 만나는 모든 사람들의 좋은 친구가 되었다. 어떤 사람들은 그의 변화를 비웃기도 했지만, 스크루지는 개의치 않았다. 모든 일에는 이유가 있다는 것을 알고 있을 정도로 그는 현명한 사람이 되었다.

P. 101 그리고 이제는 자신이 과거와 현재와 미래로 여행을 갔다 온 까닭을 알았다. 마침내 스크루지는 행복했고 만족했다.

그 후로 유령들은 스크루지를 찾아오지 않았다. 사람들은 이제 스크루지가 친절과 자비와 선행을 실천함으로써 크리스마스를 진정으로 축하하는 법을 깨달았다고 얘기했다. 우리 모두가 그런 말을 듣게 되기를! 그리고 꼬맹이 팀의 말대로, 하나님께서 우리들 한 사람 한 사람을 축복해 주시길!

교회지기를 홀린 고블린 이야기

P. 104 옛날 옛적 고색창연한 어느 수도원 마을에 가브리엘 그럽이라는 사람이 살고 있었다. 그는 마을 교회에서 교회지기 겸 무덤 파는 일꾼으로 일하고 있었다. 가브리엘은 까다롭고 고집불통인데다 무례하며 남들과 어울리기보다는 혼자 있기를 좋아하는 사람이었다. 혹시 누구와 눈이라도 마주치기라도 하면 그는 아주 험악하게 인상을 쓰며 째려보곤 했다. 이 고약하고 인색한 외톨박이 남자가 위안으로 삼는 친구라고는 럼주가 담긴 낡은 고리버들 술병뿐이었다. 그는 깊숙한 외투 주머니 속에 항상 그 술병을 넣고 다녔다.

어느 해 크리스마스 이브, 땅거미가 막 지려고 할 즈음 가브리엘은 삽을 챙기고 랜턴을 켜 들고는 오래된 교회 묘지로 향했다. 아침까지 파놓아야 할 무덤이 하나 있었는데, 당장 그 일에 착수하면 기분이 좀 좋아질 것 같은 느낌이 들었다. 고풍스런 거리를 걸어가는 동안 그는 허름한 창문들 너머로 기분 좋게 활활 타오르는 불빛을 보았다. 내일 있을 만찬 준비로 분주한 이들의 요란한 웃음소리와 기쁨의 환호성이 들려 왔다.

P. 105 아이들이 이 집 저 집에서 뛰어나오더니 대여섯 명 정도의 곱슬머리 개구쟁이 패들과 섞였다. 그들은 즐겁게 어울리며 크리스마스 놀이로 저녁 시간을 보내기 위해 집 안으로 몰려 들어갔다. 이런 온갖 즐거운 광경 때문에 가브리엘 그럽의 마음에는 씁쓸한 기분이 밀려들었다. 그는 머지않아 이 어린 영혼들을 휩쓸어 갈 온갖 질병들을 생각하며 음침한 미소를 지었다.

이처럼 즐거운 상상에 빠진 채 가브리엘은 활기차게 걸어갔다. 몇몇 이웃들이 정다운 인사를 건네 왔지만 그는 짧고 무뚝뚝한 투덜거림으로 대답을 대신했다. 가브리엘은 교회 묘지로 접어드는 어둠침침한 골목길에 어서 도착했으면 하는 마음뿐이었다. 묘지는 고요하고 음침하며 슬픔에 잠겨 있는 곳이고 밤이면 더욱 그런 분위기가 나기 때문에 그는 그곳을 좋아했다. 마을 사람들은 훤한 대낮이 아니면 그곳에 가려고 하지 않았다. 그래서 그는 한 어린 개구쟁이가 흥겨운 크리스마스 노래를 목청껏 불러대는 소리를 듣자 화가 치밀었다. 걸을수록 노랫소리는 더욱 가까워졌다. 그 노랫소리의 주인공은 고풍스런 거리 곳곳에 모여 있는 아이들 무리에 끼기 위해 서둘러 걸어가고 있는 꼬마였다.

P. 106 가브리엘은 꼬마가 자기 근처까지 오길 기다렸다가 꼬마를 덥석 움켜잡았다. 그는 랜턴으로 아이의 머리를 대여섯 차례 후려갈겨 노래를 그치게 했다. 아이가 머리를 감싸 쥐고 황급히 달아나자 가브리엘 그럽은 만족스러운 듯 껄껄 웃었다. 그러고 나서 그는 교회 묘지로 들어가 울타리 문을 잠갔다.

그는 랜턴을 내려놓고 코트를 벗은 후 파다가 만 무덤 구덩이 안으로 훌쩍 뛰어들어 갔다. 땅이 얼어붙어 흙을 부수어 퍼내기가 쉽지 않았다. 달이 떠 있었지만 무덤 자리에는 교회 그림자가 드리워져 있어 빛이 거의 들지 않았다. 다른 때 같았으면 가브리엘은 이처럼 일에 방해가 되는 환경 때문에 무척 우울하고 처량한 기분이 들었을 것이다. 하지만 꼬마가 노래를 못하게 한 일이 무척 만족스러웠던 터라 일이 더디게 진행되는지도 깨닫지 못했다. 그날 밤의 일을 다 마치자 그는 물건들을 챙겼다.

누군가를 위한 멋진 안식처, 누군가를 위한 멋진 안식처,
불과 몇 피트 아래 차디찬 땅, 삶이 다했을 때 가는 곳,
머리맡에 돌 하나, 발치에도 돌 하나,
벌레들을 위한 풍부하고 맛있는 식사,
P. 107 머리 위엔 풀이 우거지고, 사방엔 축축한 진흙,
누군가를 위한 멋진 안식처, 이곳은 성스러운 땅 속이라네!

"호! 호!" 가브리엘 그럽은 웃음을 터뜨리며 자신이 쉴 때 자주 이용하는 평평한 묘비 위에 걸터앉았다. 그리고 주머니에서 고리버들 술병을 꺼냈다.

"크리스마스에 관이라네! 크리스마스 선물 상자라네! 호! 호! 호!" 그가 노래했다.

"호! 호! 호!" 누군가가 바로 뒤에서 그를 흉내 냈다.

술병을 입으로 가져가던 가브리엘은 순간 멈칫하며 불안스레 주위를 두리번거렸다. 어슴푸레한 달빛 아래 묘지는 쥐 죽은 듯 고요했다. 얼어붙은 서리가 묘비들에서 빛을 발하고, 오래된 교회의 부조들 사이에서도 보석처

럼 반짝이고 있었다. 땅에는 눈이 딱딱하게 바싹 얼어붙어 있었다. 엄숙히 가라앉은 정적을 깨는 바스락 소리 한 점 없었다. 소리조차 얼어붙은 것 같았고 모든 것이 차갑고 고요할 뿐이었다.

P. 108 "메아리였나 보군." 가브리엘 그럽이 술병을 다시 입으로 가져가며 말했다.

"아니야." 묵직한 목소리가 들렸다.

가브리엘은 벌떡 일어섰지만 발을 뗄 수가 없었다. 두려움과 놀라움으로 다리가 얼어붙어 버린 것 같았다. 그때 그의 피를 얼어붙게 만드는 형체가 눈에 들어왔다. 가까이에 우뚝 서 있는 한 묘비 위에 기이하고 섬뜩한 형체가 앉아 있었다. 기다란 다리를 꼬고 앉아 있었고 가느다란 팔은 맨 살이 드러나 있었다. 양손은 무릎 위에 올려놓고 있었다. 그의 땅딸막한 몸뚱이에는 작은 칼집이 잔뜩 나 있는 옷이 착 달라붙어 있었다. 어깨에는 짤막한 외투를 걸치고 있었는데, 목깃은 뾰족뾰족하게 기묘한 모양으로 잘려져 있었다. 신발도 발가락 부분에서 말려 올라가 끝이 길고 뾰족했다. 고블린이 쓰고 있는 챙 넓은 모자는 깃털 하나로 장식돼 있었고 서리가 잔뜩 내려앉아 있었다. 그는 200~300년 동안 그 묘비에 앉아 있었던 것처럼 보였다. 그는 꼼짝하지 않고 앉아서 혀를 빼문 채 가브리엘 그럽을 향해 히죽 히죽 웃었다.

"메아리가 아니었지." 고블린이 말했다.

가브리엘 그럽은 온몸이 마비되어 대답을 할 수 없었다.

"크리스마스 이브에 여기서 뭘 하고 있는 거냐?" 고블린이 엄중히 물었다.

P. 109 "무, 무덤을 파러 왔습니다." 가브리엘 그럽이 더듬거렸다.

"크리스마스 이브에 무덤과 묘지에서 어슬렁거리는 게 어떤 녀석이냐?" 고블린이 소리쳤다.

"가브리엘 그럽! 가브리엘 그럽!" 왁자지껄하게 합창하는 목소리들이 묘지를 가득 메웠다.

가브리엘은 겁에 질려 주변을 둘러 보았지만 아무도 눈에 뜨이지 않았다.

"그 병 안에 든 건 뭐냐?" 고블린이 말했다.

"럼주입니다." 교회지기는 더욱 심하게 떨면서 대답했다. 그는 그 술을 밀수꾼한테서 산 것이기 때문에 이 고블린이 세관에서 나왔을지도 모른다는 생각이 퍼뜩 들었다.

"이런 밤에 교회 묘지에서 혼자 술을 마시는 게 도대체 어떤 녀석이냐?" 고블린이 말했다.

"가브리엘 그럽! 가브리엘 그럽!" 다시금 목소리들이 왁자지껄하게 외쳐댔다.

고블린은 공포에 떠는 교회지기를 노려보더니 목소리를 높여 외쳤다. "그렇다면, 우리가 정당하게 그리고 합법적으로 사로잡은 이 포획물의 정체는 뭐냐?"

P. 110 또다시 보이지 않는 목소리들이 마치 교회 오르간 반주에 맞춰 합창하는 성가대처럼 일제히 외쳤다.

그 소리는 마치 거센 질풍이 몰아치다가 서서히 사라지는 것 같았다. 하지만 그 대답은 여전히 똑같았다.

"가브리엘 그럽! 가브리엘 그럽!"

고블린이 환한 미소를 지으며 말했다. "그럼, 가브리엘, 할 말이 있느냐?"

P. 111 교회지기는 숨을 헐떡거렸다.

"가브리엘, 이것을 어떻게 생각하느냐?" 고블린이 말했다. 그는 묘비 양쪽으로 다리를 앞뒤로 흔들어대고 있었다.

"너, 너, 너무 신기합니다." 교회지기는 겁에 질려 거의 혼이 빠진 채 대답했다. "너무 신기하고 너무 멋집니다. 하지만 저는 이제 제 일을 마무리해야 할 것 같습니다."

"일이라고! 무슨 일 말이냐?" 고블린이 말했다.

"무덤이요, 무덤을 파는 일입니다." 가브리엘이 더듬거렸다.

"오, 무덤이라고? 모두들 크리스마스를 축하할 준비를 하고 있을 때 즐겁게 무덤을 파고 있는 자가 누구냐?"

또다시 정체를 알 수 없는 목소리들이 대답했다.

"가브리엘 그럽! 가브리엘 그럽!"

"가브리엘, 내 친구들이 자네를 원하는 것 같은데." 고블린이 말했다.

"하지만 그럴 리가 없을 텐데요. 그분들은 절 본 적도 없잖아요." 공포에 사로잡힌 교회지기가 대답했다.

P. 112 "오, 그렇지 않아, 그들은 자네를 보았어. 우리는 시무룩하고 잔뜩

찌푸린 표정을 짓고 있는 사내를 잘 알고 있지. 오늘밤 우리는 그 작자가 아이들에게 눈을 부라리며 삽을 메고 오는 걸 보았지. 아이는 즐거워하는데 자기는 그렇지 못하기 때문에 아이를 두들겨 패는 그 못된 작자를 우린 잘 알고 있어. 잘 알지, 잘 알고 말고!"

그때 고블린이 크고 날카로운 웃음을 터뜨렸고, 그 소리가 교회 묘지 주변에 울려 퍼졌다. 그는 두 다리를 공중으로 휙 쳐들어 물구나무를 서더니 휙휙 재주넘기를 해서 가브리엘이 서 있는 바로 앞까지 다가왔.

"저, 저는 그만 가봐야겠습니다." 가브리엘이 발을 떼기 위해 안간힘을 쓰며 말했다.

"간다고! 가브리엘 그럽이 간다네. 호! 호! 호! 호! 호! 호!" 고블린이 말했다.

고블린이 웃음을 터뜨릴 때 가브리엘은 교회 창문들에서 밝은 불빛이 번뜩이는 것을 보았다. 오르간이 흥겨운 곡을 연주하기 시작하자 교회는 다시 어둠 속에 잠겨 버렸다.

그러더니 갑자기 고블린 무리가 교회 묘지 안으로 쏟아져 들어오며 묘비들을 휙휙 타넘기 시작했다. 비록 겁에 질려 있었지만, 교회지기는 몇몇 고블린의 멋진 묘기에는 감탄하지 않을 수 없었다.

P. 113 오르간의 곡조는 점점 더 빨라졌다. 고블린들도 점점 더 빠르게 펄쩍펄쩍 뛰었는데, 마치 축구공처럼 묘비들 위로 튀어 올랐다. 교회지기는 눈 앞에서 빠르고 어지럽게 스쳐가는 고블린들의 동작에 머리가 어찔어찔했다. 고블린들이 앞에서 휙휙 날아다니는 가운데 가브리엘은 다리가 풀려 주저앉고 말았다. 그가 바닥에 주저앉자 우두머리 고블린이 그의 목깃을 움켜쥐었다.

간신히 숨을 돌린 가브리엘 그럽은 자신이 커다란 동굴 안에 있는 것을 깨달았다. 그곳에는 추악하고 험악한 고블린들이 우글거렸다. 한가운데에 있는 높은 의자 위에 우두머리 고블린이 앉아 있었다. 가브리엘 그럽은 그 앞에 꼼짝도 못하고 서 있었다.

"오늘 밤은 춥군. 아주 추워. 따뜻한 걸 한 잔 마시자!" 우두머리 고블린이 말했다.

명령이 떨어지자 미소를 짓고 있던 대여섯 명의 고블린들이 황급히 어디론가 사라졌다. 그리고는 불붙은 액체가 든 잔을 가져와 우두머리에게 바쳤다.

"아!" 우두머리 고블린이 불길이 이글거리는 액체를 들이키며 소리쳤다. "이건 정말 몸을 따뜻하게 해 주는군! 그럽 씨에게도 큰 잔으로 같은 걸 갖다 줘라."

P. 114 가엾은 교회지기는 자기는 밤이 되면 따뜻한 것을 먹지 않는다고 항의했다. 하지만 고블린 하나가 그를 붙들고 있는 동안 다른 고블린이 그 이글거리는 액체를 그의 입 안으로 들이부었다. 그가 목이 막혀 캑캑거리는 모습을 보고 고블린 무리 전체가 괴성을 지르며 웃어댔다. 불타는 액체를 간신히 목으로 넘긴 가브리엘은 왈칵 쏟아져 나온 눈물을 닦아냈다.

"자, 이제" 우두머리 도깨비는 자신의 모자 끄트머리로 교회지기의 눈을 찔러대며 말했다. "자, 이제, 이 불쌍하고 우울한 인간에게 우리의 근사한 창고에 있는 장면들을 보여 줘라!"

도깨비의 말이 떨어지자 동굴의 깊숙한 곳을 가리고 있던 짙은 안개가 걷혔다. 가구는 빈약하지만 작고 깔끔한 방이 나타났다. 불꽃이 환한 난로 주변에 어린 아이들이 옹기종기 모여 어머니의 옷자락에 매달리거나 어머니가 앉아 있는 의자 주위에서 깡충깡충 뛰놀고 있었다. 어머니는 누군가를 기다리는 듯 이따금씩 일어나 창 밖을 내다보곤 했다. 식탁에는 식사가 차려져 있고 난롯가에 의자도 놓여 있었다. 문에서 노크 소리가 들리자 어머니가 문을 열었다. 아버지가 안으로 들어서자 아이들은 손뼉을 치며 반겼다. 눈에 젖어 있고 피곤한 모습으로 들어선 아버지는 옷에서 눈을 털어냈다.

P. 115 아이들은 아버지의 외투, 모자, 단장, 장갑 등을 받아 들고 방에서 달려나갔다. 그런 다음 아버지가 식사를 하기 위해 난롯가에 앉자, 아이들은 아버지 무릎 위로 올라갔다. 어머니도 그의 곁에 앉았고 모두가 행복하고 만족스러운 모습이었다.

장면은 조그만 침실로 바뀌었고, 막내아이가 침대에서 죽어가고 있었다. 교회지기가 지켜보는 가운데 그 아이는 숨을 거두고 말았다. 아직 어린 형들과 누이들이 아이가 누워 있는 작은 침대 주위에 모여 있었다. 아이들은 동생의 조그만 손을 잡았다가 차가운 감촉에 놀라 움찔 물러섰다. 아이들은 동생의 평온한 얼굴을 들여다보았다. 그 예쁜 아이는 잠들어 있는 것처럼 보였지만, 아이들은 동생이 이미 이 세상 사람이 아니라는 걸 알고 있었다. 아이들은 이제 동생이 찬란하고 행복한 하늘나라에서 천사가 되어 자신들을 내려다보고 있다고 믿었다.

가벼운 구름이 그 장면을 스쳐가는 듯하더니 다시 장면이 바뀌었다. 그 아버지와 어머니는 이제 노쇠해 있었다. 자식들의 수도 절반으로 줄어 있었다. 불가에 모여 있는 가족들의 얼굴에는 행복과 만족감이 드러나 있었다.

P. 116 그들은 서로 옛 시절의 이야기들을 주고 받았다. 아버지는 서서히 그리고 평화롭게 세상을 떠났다. 그리고 얼마 후 그의 사랑하는 아내도 남편을 따라 안식처에 묻혔다. 뒤에 남은 자식들은 부모의 무덤 앞에 무릎을 꿇었다. 그들은 부모의 무덤을 덮고 있는 녹색 잔디에 눈물을 쏟았다. 언젠가는 자신들도 부모님의 뒤를 따라가리라 생각하며 그들은 일어나 발길을 돌렸다.

"이걸 보니 어떤 생각이 드느냐?" 고블린이 커다란 얼굴을 가브리엘 그럽 쪽으로 돌리며 물었다.

가브리엘은 정말 아름다운 모습이라며 몇 마디를 중얼거렸다. 고블린이 이글거리는 눈빛으로 노려보자 가브리엘은 부끄러워했다.

"정말 불행한 녀석이로군!" 고블린이 말했다. "바로 너 말이다!" 고블린은 무슨 말을 더 하려고 했지만 분노로 말문이 막힌 듯했다. 갑자기 고블린이 한 발을 치켜들고 가브리엘을 호되게 한 방 걷어찼다. 그 즉시 모든 고블린들이 그 가엾은 교회지기를 둘러싸고 사정없이 발길질을 해댔다.

"좀 더 보여 줘라!" 우두머리 고블린이 외쳤다.

이 말이 떨어지자마자 구름이 걷혔다. 화려하고 아름다운 전원 풍경이 눈 앞에 펼쳐졌다. 하늘은 파랗고 맑았다.

P. 117 나무들은 짙은 녹음을 자랑하고 미풍에 잎새들이 살랑거렸다. 꽃들은 화사하게 피어 있었고 시냇물은 빛나는 햇빛에 반짝거렸다. 새들은 아침을 찬양하는 노래를 부르고 있었다. 때는 여름철이었고, 태양이 떠오르자 모든 만물이 깨어나고 있었다. 개미는 하루 일과를 시작하기 위해 일터로 나아가고 있었고 나비는 따스한 햇살을 쬐고 있었다. 곤충들은 투명한 날개를 한껏 펼치면서 짧지만 행복한 생애를 만끽하고 있었다. 사람들도 잠자리에서 일어나 멋진 세상을 맞이하고 있었고 세상의 모든 만물이 밝고 찬란했다.

"정말 불행한 녀석이로군!" 화가 난 우두머리 고블린이 말했다. 그리고 또다시 발길질로 가브리엘의 어깨를 걷어찼다. 그러자 다른 고블린들도 다시 우두머리를 흉내 내어 가브리엘에게 발길질을 퍼부었다.

구름이 드리웠다가 걷히는 일이 여러 차례 반복되었다. 그때마다 가브리엘 그럽은 인간의 선과 악에 관한 소중한 교훈들을 얻었다. 고블린들의 거듭되는 발길질로 어깨가 욱신거리긴 했지만, 가브리엘은 스쳐 지나가는 장면들을 유심히 쳐다보았다.

P. 118 무엇보다도 가브리엘은 자신처럼 화를 잘 내고 성질이 고약하고 우울한 사람들이야말로 세상에서 가장 몹쓸 사람들임을 알게 되었다. 그는 선이 악을 압도하는 법이며, 무엇보다도 그런 세상이 살기 좋고 훌륭한 곳이라는 사실도 깨닫게 되었다. 마지막 장면 위로 구름이 덮이는 순간 그는 심한 피로감을 느꼈다. 고블린들이 차례차례 시야에서 사라져 갔다. 마지막 고블린이 사라지자 그는 깊은 잠에 빠져들었다.

아침 햇살에 눈을 뜬 가브리엘 그럽은 자신이 교회 묘지의 한 평평한 묘비 위에 누워 있음을 깨달았다. 빈 고리버들 술병은 옆에 뒹굴고 있었다. 그의 코트와 삽과 랜턴도 서리에 덮인 채 땅바닥에 흩어져 있었다. 그 앞에 고블린이 앉아 있었던 묘비는 아무 일도 없었다는 듯 우뚝 서 있었다. 전날 밤에 자신이 파고 있었던 무덤도 근처에 있었다. 처음에 그는 자신이 꿈을 꾸었다고 생각했다. 하지만 어깨에 느껴지는 지독한 통증은 고블린들의 발길질이 실제로 일어난 일이라는 것을 증명해 주었다. 그는 고블린들이 펄쩍펄쩍 뛰어넘기를 했던 눈밭에 발자국 하나 남아 있지 않은 것을 보고 충격을 받았다. 그는 고블린이 유령이므로 눈에 보이는 자국을 남기지 않는 게 분명하다고 생각했다. 가브리엘 그럽은 고통스럽게 몸을 일으켰다.

P. 119 그리고 외투에서 서리를 털어내 다시 걸치고는 마을로 향했다.

가브리엘은 이제 딴 사람이 되어 있었다. 하지만 마을로 돌아가면 자신이 개과천선했다는 것을 놓고 사람들이 비웃을 거라는 생각을 하니 견딜 수가 없었다. 그는 잠시 망설이다 마을을 등지고 일자리를 찾아 다른 곳으로 떠났다.

그날 늦게 랜턴과 삽과 고리버들 술병이 교회 묘지에서 발견되었다. 처음에는 교회지기의 최후에 대한 온갖 소문이 떠돌았다. 많은 이들이 교회지기가 고블린들에게 끌려갔다고 믿었다. 꽤 믿을 만한 목격자들도 몇 명 등장했다. 그들은 교회지기가 밤색 말에 태워져 납치되는 광경을 보았다는 온갖 이야기들을 했다. 그들 중 일부는 그 말이 외눈박이에다 하반신은 사자의 형상이라고 했고, 또 다른 이들은 곰의 꼬리가 달려 있다고 했다. 새로 온 교회지기는 호기심이 많은 이들에게 교회 풍향계에서 떨어져 나온 큼지막한 조각을 보여 주곤 했다. 그리고 그는 그 조각이 말이 교회 지붕 위로 날아가면서 걷어차 떨어진 것이라고 말했다. 한두 해 지나서 그것이 발견되었다는 것이다.

P. 120 그로부터 10년 후 가브리엘 그럽이 다시 마을에 나타나면서 유감스럽게도 이런 이야기들이 다 거짓이었음이 드러났다. 가브리엘은 초라한 행색에 류머티즘을 앓고 있긴 했지만 삶에 만족하는 노인이 되어 있었다. 그는 목사와 시장에게 자신이 겪었던 이야기를 들려주었다. 하지만 몇몇 마을 사람들은 그가 럼주를 전부 들이켜고 묘지에서 곯아떨어져 꿈을 꾼 것이라고 여겼다. 그들은 가브리엘이 고블린의 동굴에서 보았다는 장면들은 그가 여행을 하면서 얻은 교훈일 거라고 설명했다. 하지만 사람들의 주목을 끌지 못하자 이런 말들은 차츰 사라졌다.

P. 121 세월이 흐르면서 그가 들려준 이야기는 마을 역사의 일부가 되었다. 이 이야기에는 적어도 하나의 교훈이 담겨 있다. 사람이 심술궂고 삶에 만족하지 못하며 혼자 술만 마셔댄다면, 특히 크리스마스 때 그렇게 처신한다면 그는 나아질 수가 없다. 하지만 남들과 나누며 자신이 소유한 것에서 기쁨을 찾는 사람의 삶은 더욱 행복하고 만족스러워질 수 있다. 고블린의 동굴 속에서 가브리엘 그럽은 더 나은 인간이 되는 법을 배웠고 어디에 가든 그 교훈을 명심하고 살았다. 그는 크리스마스 정신인 사랑과 선을 마음에 가득 품고서 평화롭게 세상을 떠났다.

「험프리 님의 시계」에 실린 크리스마스 이야기

P. 124 그날은 크리스마스였고 나는 혼자였다. 그래서 나는 이 특별한 날을 즐기고 축하하는 사람들의 기쁨을 느껴 보고자 밖으로 나갔다. 파티를 위해 도착한 아이들이 흥분에 들떠 재잘거리는 광경이 보였다. 크리스마스 모임에 참석하기 위해 한 무리의 사람들이 즐겁게 눈발을 헤치며 서둘러 가고 있는 모습도 잠시 서서 구경했다.

나는 한 젊은 직공이 아이를 소중히 품에 안고 가는 모습에 감탄했다. 그의 아내는 남편을 열심히 뒤따라가며 남편의 어깨 너머로 아이를 어르며 웃어 주곤 했다. 곳곳에서 사람들이 웃으면서 재미있는 이야기를 나눴다. 이렇게 짧은 시간이나마 가난한 사람들이 행복감에 젖을 수 있다고 생각하니 마음이 흐뭇해졌다.

어느덧 저녁이 되자, 나는 창문에 비치는 밝은 벽난로 불빛들을 바라보면서 거리를 이리저리 거닐었다. 즐거움과 온정이 넘치는 이 모든 광경들은 내가 외로움을 잊는 데 도움이 되었다. 나는 어느 선술집 앞에 잠시 멈춰 서서 창문에 붙어 있는 메뉴를 살펴보았다. 크리스마스 날에 이런 선술집에서 혼자 식사를 하는 이들은 과연 어떤 사람들일지 궁금해졌다.

P. 125 외로운 사람들은 자신만이 외롭다고 생각하는 데 익숙해져 있다. 나 자신도 크리스마스 때 홀로 앉아 있었던 적이 자주 있었고, 크리스마스는 오로지 즐거운 가족 모임을 위한 날이라고 생각했다. 오늘 과연 선술집에 손님이 있을까? 아니면 텅 비어 있을까? 나는 이런 생각을 하면서 그 자리를 떴다.

잠시 후 나는 발길을 멈추고 다시 선술집을 돌아보았다. 선술집 문 위에 켜진 등불이 나 같은 사람들을 반기는 것처럼 보였다. 하지만 손님들이 많지 않을까 걱정이 되었다. 그들은 어쩌면 출세를 위해 애쓰는 젊은이들일 수도 있다. 또는 먼 곳에 사는 가족들이나 친구들을 찾아갈 만한 금전적인 여유가 없는 사람들일지도 모른다. 나는 이런 가슴 아픈 상상이 사실인지 궁금해졌다. 그래서 직접 선술집에 들어가 직접 확인해 보기로 마음먹었다. 나는 문을 열고 안으로 들어갔다.

선술집 안에는 손님이 한 명뿐이어서 다행이다 싶었다. 하지만 혼자 있는 그 사람을 보니 역시 마음이 아팠다. 나처럼 나이가 꽤 들었고 머리도 거의 백발이었다. 요란한 소리를 내며 들어갔음에도 그는 나의 등장을 알아차리지 못했다.

P. 126 나는 그의 주의를 끌 만한 자리를 골라 앉았다. 그는 팔꿈치를 테이블 위에 올려놓고 손으로 턱을 괴고 앉아 있었다. 앞에 놓인 음식은 반밖에 먹지 않았다. 나는 크리스마스 건배를 청하려 잔을 들었지만, 그는 내 쪽으로 고개를 돌리지 않았다.

나는 식사를 이미 끝냈지만 좀 더 머물 구실을 만들기 위해 메뉴에서 뭔가를 골라 주문했다. 드디어 그 신사가 자기가 혼자 있지 않다는 사실을 깨닫고 고개를 들었다. 그는 왠지 슬퍼 보였고 생각에 잠겨 있는 듯 보였기 때문에 나는 그에게 말을 걸 기회를 엿보며 잠자코 기다렸다. 그렇게 침착하고 다정해 보이는 얼굴을 본 적이 없었기에 나는 그 사람과 대화를 나누고 싶은 마음이 간절했다. 그는 친구들과 함께 크리스마스를 축하하고 있어야 할 사람 같았다. 하지만 대부분 사람들이 가족이나 친구들과 함께 보내는 시기에 그는 이런 곳에서 낙심한 채 홀로 앉아 있었다. 그는 분명히 가슴 아픈 생각들을 떨쳐 버리지 못해 힘들어하고 있었다.

외로움에 익숙한 사람은 아닌 게 확실했다. 만약 그렇다면 내가 들어오는 걸 보고 조금이라도 관심을 보였을 것이다. 나는 그가 식사를 하려고 노력은 했지만 식욕이 전혀 없다는 것을 눈치 챌 수 있었다. 그는 몇 번이나 접시를 밀어 놓고 생각에 잠기곤 했다.

나는 그가 일 년 중 이맘때에 이처럼 아무도 없는 조용한 곳에 앉아 있는 것은 처음 경험하는 일일 거라고 짐작했다.

P. 127 그는 다른 사람들과 함께 지냈던 과거의 크리스마스를 회상하고 있는 게 분명했다. 한때 그의 주위를 둘러싸고 있었을 행복한 얼굴들이 내 머릿속에 자꾸만 그려졌다. 그때의 분위기는 말라빠진 호랑가시나무와 겨우살이 가지들이 걸려 있는 이 따분한 장소와는 천지 차이였을 것이다.

그를 계속 지켜보면서 나의 관심은 더욱 커져 갔다. 더 못 먹겠는지 그가 식사를 물리자 테이블 위에 포도주 한 병이 놓였다. 술병은 꽤 오래도록 손대지 않은 채 그대로 놓여 있었다. 마침내 그가 떨리는 손으로 잔을 채우고 술잔을 입가로 가져갔다. 그는 분명히 어떤 애정 어린 소망이나 사랑하는 이의 이름을 중얼거린 것 같은데 술은 한 모금도 마시지 않았다. 그는 잔을 다시 테이블에 내려놓고 손으로 얼굴을 감쌌는데, 뺨 위로 눈물이 줄줄 흘러내리고 있었다.

생각할 겨를도 없이 나는 실내를 가로질러 그의 곁에 앉았다. 그리고 손으로 그의 팔을 살며시 짚었다. "여보시오, 내가 좀 위로해 드리면 안 되겠소? 난 선생에게 나 자신이 경험하지 않은 일에 대해 설교할 마음은 없소.
P. 128 무슨 일로 그렇게 슬퍼하는지는 모르겠지만, 부디 기운을 내시오."

"진심으로 위로해 주시는 건 잘 압니다. 하지만…" 그가 입을 열었다.

나는 고개를 끄덕여 그가 하려는 말이 뭔지 이해한다는 걸 보여 주었다. 내가 말을 할 때 그의 시선은 내 입에 고정돼 있었다. 그때 나는 그가 귀가 잘 들리지 않으며 내 입 모양을 보고 말을 이해한다는 것을 알아차렸다.

"우리는 처지가 아주 비슷하구려." 나는 그와 나 자신을 번갈아 가리키며 말했다. "보시오, 우리 둘 다 머리가 하얗게 세었고 큰 불행을 겪은 것 같소. 보시다시피 나도 불운한 절름발이라오."

그는 좀 더 원활한 대화를 위해 종이 몇 장과 연필을 꺼냈다. 내가 하고 싶은 말을 종이에 적어 옮기는 것이 얼마나 불편하고 당황스러운 일이었는지 지금도 기억이 생생하다. 그는 내가 글을 다 적기도 전에 무슨 말을 하려는지 금세 알아채곤 했다. 그는 더듬거리는 목소리로 크리스마스를 혼자 보내는 게 익숙하지 않다고 말했다. 지금까지 그에게 크리스마스는 늘 축하와 축제의 시간이었다. 나는 그의 검은색 옷차림을 보고 혹시 사랑하는 사람을 여의고 상복 차림을 하고 있을지도 모른다고 생각했다.

"아뇨. 소중한 사람을 잃은 건 아닙니다.
P. 129 차라리 그런 일이라면 견디기가 더 쉬웠을 겁니다." 내 생각을 눈치 챈 그가 말했다.

그렇게 나와 귀머거리 신사의 우정이 시작되었다. 그 크리스마스 날부터 그의 미소는 나의 삶을 한층 밝게 해 주었다. 내게는 그때보다 더 행복했던 적이 없었던 것 같다. 그와 다정한 대화를 나눈 그날 이후로 우리는 절친한 사이가 되었다.

매년 크리스마스 때마다 우리는 바로 그 선술집에 가서 식사를 함께 했다. 식사를 마친 후에는 술잔을 들고 서로를 위해 건배하고, 우리의 첫 만남을 추억하며 다정하게 얘기를 나누는 것이 관례가 되었다. 하지만 우리는 그가 그날 혼자 있어야 했던 이유에 대해서는 늘 언급을 삼갔다.

세월이 흐르면서 우리의 우정도 더욱 돈독해졌다. 나는 죽을 때까지 우리의 크리스마스 연례 행사가 계속되리라 믿는다. 그리고 우리가 둘 다 이승을 떠나면 저승에 가서도 분명 그것이 다시 이어질 것이다. 우리가 어떻게 그렇게 잘 통하는지는 잘 모르겠지만, 나는 이제 그가 귀머거리라는 사실을 거의 인식하지 못한다.

나는 종종 그와 함께 산책을 한다. 심지어 사람들로 혼잡한 거리에서도, 그는 나의 생각을 읽기라도 하듯 나의 미세한 표정이나 동작의 의미를 이해한다.

P. 130 우리는 같은 사물이나 사람에 대한 이야기를 동시에 꺼내는 경우가 빈번하다. 그러한 우연의 일치에서 우리는 이루 말할 수 없는 기쁨을 느낀다. 그렇게 서로의 생각이 일치할 때마다 그는 온 마을을 충분히 밝힐 정도로 환한 미소를 짓곤 한다.

그는 생각이 무척 깊고 상상력이 풍부한 사람이다. 우리 친구들은 그의 재치와 유머에 감탄하곤 한다. 멋지게 조각돼 있는 커다란 파이프로 담배를 피울 때면 그의 집중력은 더욱 강해지는 것 같다. 매일 저녁마다 우리 동네 담배 가게에는 한 무리의 사람들이 모인다. 그곳에서 내 친구의 담뱃대와 그 대통에 새겨진 무시무시한 형상들에 대해 수많은 추측들이 오간다. 미신을 믿는 우리 집 하녀는 해가 지고 나면 그것 옆에 혼자 남아 있지 않으려고 한다. 하지만 나는 그의 담뱃대에 대해 나름대로 짐작하는 바가 있다. 나는 그 선술집에서 우리를 만나게 했던 사건과 무슨 연관이 있을 거라는 생각을 떨쳐 버릴 수가 없다. 그가 그 담뱃대를 언급하게 되기까지도 오랜 시간이 걸렸던 것으로 기억한다. 그리고 담뱃대 이야기를 하고 나면 그는 늘 말이 없어지고 침울해지곤 했다. 이제는 그가 그 담뱃대를 가지고 있는 이유가 궁금하지 않다. 내가 아는 것은 그 담뱃대가 그에게 마음의 평온과 위안을 주는 물건이며, 그런 이유들만으로 나는 만족한다.

P. 131 나의 소중한 친구가 과거에 어떤 슬픔 혹은 고뇌를 겪었든 간에, 지금은 매우 차분하고 행복한 사람이다. 가슴 아픈 불행을 겪었던 것은 그만

한 이유가 있었을 것이다. 온화한 그의 얼굴에서 슬픔이 비칠 때마다 나는 즐겁고 유쾌한 이야기를 하려고 애쓴다.

나의 귀머거리 친구는 그런 사람이다. 애지중지하는 담뱃대로 담배를 피우며 난롯가에 앉아 있는 그의 모습이 지금도 기억난다. 내 시계의 종이 막 울리려고 할 때마다 그는 싱긋 웃으며 시계 쪽으로 눈을 치켜뜨곤 했다. 그가 나와 시계를 번갈아 쳐다보는 모습은 마치 자신의 마음을 양쪽으로 나눠 주는 듯한 느낌을 주었다. 나는 내 낡은 시계의 종소리를 그 친구에게 들려줄 수만 있다면 그 무엇을 주어도 아깝지 않을 것이다.

우린 처음 만났을 때 우울하고 외로웠다. 우린 서로에게 관심과 애정을 쏟았고 서로의 차이점들은 따지지 않았다. 우린 서로를 신뢰하는 법을 배웠다. 이제 우리의 우정은 영원히 변하지 않을 것이다.

크리스마스 축제

P. 134 크리스마스다! 크리스마스가 흥겹지 않은 이는 세상 사람들을 혐오하고 있음이 분명하다. 크리스마스가 예전 같지 않다고 말하는 이들도 있다. 또 어떤 이들은 옛날처럼 크리스마스를 축하할 만한 여유가 없다고 말하기도 한다. 크리스마스는 그런 우울한 생각을 하는 날이 아니라 사랑과 희망을 품는 날이다.

일 년 365일 중 가장 즐거운 이날을 슬픈 회상으로 얼룩지게 하지 마라. 예전보다 더 작은 집에 산다고 해서, 유리잔에 방울방울 거품이 올라오는 와인 대신 냄새가 고약한 펀치가 채워져 있다고 해서 절망하지 마라. 미소를 지으며 잔을 비워라. 그리고 어린 시절부터 알고 있던 오래된 크리스마스 캐럴을 부르고 지금 자신이 소유한 것에 감사하라. 난롯가에 둘러앉은 당신 아이들의 즐거운 얼굴들을 들여다보라. 만일 자그마한 자리 하나가 비어 있다 해도 예전에 거기 앉아 있던 아이에 대한 생각으로 슬퍼하지 마라. 자신이 누리는 축복을 헤아려 보라. 누구나 적지 않은 축복을 누리고 있다. 지나간 불행을 되새기지 마라. 누구나 그런 불행들 중 몇 가지씩은 겪기 마련이다. 다시 잔을 채워라. 그리고 흡족한 마음으로 즐거운 크리스마스와 복된 새해를 기원하며 축배를 들어라!

P. 135 일 년 중 이맘때 그 누가 사랑과 온정이 넘쳐나는 것을 느끼지 못하겠는가? 크리스마스 가족 파티보다 더 즐거운 일이 어디 있겠는가! 크리스마스라는 이름에는 마력이 깃들어 있다. 서로 다투고 질시하던 일들도 잊을 수 있다. 그릇된 자만심 때문에 잠시 애정을 억눌렀던 식구들이 다시 한자리에 모이는 날이다. 우리의 삶을 좌지우지할 수 있는 편견이나 욕망 따위의 감정들을 우리가 사랑해야 할 사람들에게 절대로 쏟아내서는 안 된다! 크리스마스의 정신은 일 년 내내 지속되어야 한다!

크리스마스 가족 파티는 어쩌다가 한 번 1~2주 만에 마련된 친척들의 모임 따위가 아니다. 젊었든 늙었든, 부자든 가난하든 가능한 가족이 전부 한자리에 모이는 연례 행사이다. 아이들 모두가 몇 달 전부터 기대감에 부풀어 있다. 예전에는 할아버지 댁에서 모였지만 이제 할아버지와 할머니는 연

로하시고 기력이 없으시다.

P. 136 두 분이 조지 삼촌네로 이사하셔서 이번에는 그곳에서 파티가 열리게 된다. 하지만 여전히 할머니가 맛있는 음식 대부분을 준비하시고, 할아버지는 항상 그렇듯 즐거운 마음으로 칠면조를 사러 시장에 걸어가신다. 할아버지는 칠면조가 너무 무겁기 때문에 늘 일꾼에게 삯을 주고 집까지 가져다 달라고 하시고 그에게 맥주를 한 잔 대접하신다. 할머니는 가족 파티가 열리기 2~3일 전부터 비밀스럽고 은밀하게 무언가를 준비하신다. 하지만 결국은 아이들이나 하인들을 위해 무슨 선물을 준비하셨다는 말이 퍼지기 마련이다.

크리스마스 이브가 되면 항상 할머니의 기분이 최고로 좋아진다. 아이들은 하루 종일 크리스마스 푸딩에 넣을 자두에서 씨를 **빼낸다**. 할머니는 푸딩이 서서히 끓기 시작할 때까지 30분 동안 젓는 일은 꼭 조지 삼촌이 해야 한다고 하신다. 크리스마스 이브의 저녁은 정말 신나는 까막잡기 놀이로 마무리된다.

다음날 아침, 할아버지와 할머니는 아이들 대부분을 데리고 교회에 가신다. 집에 남은 조지 숙모는 식당에서 크리스마스 만찬을 준비한다. 조지 삼촌은 손님들에게 대접할 와인, 셰리주, 맥주를 마련하고 잔들도 챙겨 놓는다.

가족들이 교회에서 돌아온 후 할아버지는 주머니에서 조그만 겨우살이 가지를 꺼내신다.

P. 138 그리고 사내아이들에게 그 가지 아래에서 어린 사촌 누이들에게 키스를 하라고 부추기신다. 이 광경을 본 할머니는 점잖지 못한 행동이라며 화를 내신다. 할아버지는 당신이 불과 13살 때 겨우살이 가지 밑에서 할머니에게 첫 키스를 하셨다는 이야기를 아이들에게 들려주신다. 할머니는 그 이야기에 늘 빙그레 웃으시며 할아버지가 정말 **뻔뻔스런** 악동이었다고 말씀하신다! 해마다 아이들은 그 이야기를 들을 때마다 박장대소하곤 한다.

손님들이 도착하기를 기다리는 동안 할머니와 할아버지는 난롯가에 앉아 아이들에게 이야기를 들려주신다. 밖에서 마차가 도착하는 소리가 나자, 조지 삼촌이 창 밖을 내다본다.

"제인이야." 삼촌은 소리치며 문으로 달려나간다.

로버트 고모부와 제인 고모가 아기를 안고 안으로 들어온다. 할아버지는 아기를 받아 안으시고 할머니는 당신의 딸인 제인 고모에게 키스를 하신다. 잠시 후, 다른 고모들과 고모부들 그리고 사촌들이 도착한다. 이야기를 나누며 웃고 즐거워하는 소리로 집 안은 북새통을 이룬다.

이야기 소리가 잠시 뜸한 사이 문에서 나지막한 노크 소리가 들린다.

"누구지?" 어린 아이들이 소리치며 창 밖을 내다본다.

"가난한 마거릿 고모야." 아이들이 외친다.

P. 139 조지 숙모가 문을 열고 방문객들을 반갑게 맞았다. 할머니는 약간 굳은 표정으로 서 계신다. 고모가 할머니를 어떻게 대할지 잘 모르시기 때문이다. 마거릿 고모는 어머니의 허락을 받지 않고 가난한 남자와 결혼했다. 그렇기 때문에 가족이나 친지들의 도움을 받지 못하고 가난하게 살아왔다.

하지만 크리스마스가 되자 불편한 감정들이 눈 녹듯 사라져 버렸다. 화가 치밀어 오를 때 부모는 말 안 듣는 자식을 질책하기 쉽다. 하지만 온정과 즐거움이 넘치는 크리스마스에 자식을 집 밖으로 내치는 것은 있을 수 없는 일이다. 할머니는 고모를 맞이하기 위해 초조하게 기다리신다. 조지 숙모를 따라 들어오는 마거릿 고모는 안색이 창백하고 울상을 짓고 있다. 어머니의 무관심과 외면으로 고모가 가슴앓이를 했음이 역력해 보인다. 잠시 머뭇거리던 고모는 흐느끼며 훌쩍 어머니의 품으로 뛰어든다. 할아버지는 재빨리 앞으로 나오시며 사위의 손을 잡고 흔드신다. 이내 친지들이 고모와 고모부 주변에 모여들어 진심 어린 축하의 말을 건넨다.

P. 140 정찬은 더할 나위 없이 즐겁다. 모든 것이 훌륭하고 모든 사람들이 최고의 기분에 젖어 있다. 할아버지는 칠면조를 어떻게 샀는지 말씀하시다가, 아예 이전 크리스마스 때 사 오셨던 다른 칠면조들 이야기까지 꺼내신다. 조지 삼촌도 고기를 썰고 와인을 마시면서 이런저런 이야기를 들려준다. 삼촌은 아이들과 우스갯소리를 하면서 사촌들에게 눈을 찡긋찡긋하고 멋진 유머와 세심한 접대로 모두를 즐겁게 해 준다. 하인이 어마어마한 크리스마스 푸딩을 들고 비틀거리며 들어오자, 웃음과 환호성과 박수갈채가 터진다. 고기 파이 위에 끼얹은 브랜디에 불이 붙어 타오르는 놀라운 광경에 더욱 큰 박수갈채가 터진다. 디저트를 먹고 와인을 다 마시고 나면 재미

있는 놀이가 시작된다!

훌륭한 덕담들도 오간다. 마거릿 고모의 남편은 흥겨운 노래를 부른다.

P. 141 그는 할머니에게 매우 공손하고 다정해서 할머니도 그를 마음에 들어 하신다. 어린 사촌 하나는 맥주를 마시고 버릇없이 행동하다가 나이 드신 어른들의 눈총을 받는다. 하지만 그 아이는 진짜 우스꽝스럽기 짝이 없는 노래로 모두를 깜짝 놀라게 한다. 할아버지도 예기치 않은 기운찬 목소리로 이맘때 부르시는 애창곡을 부르신다. 올해 앙코르 요청을 받으신 할아버지는 할머니밖에 들어보지 못한 새로운 노래를 하셔서 모든 사람들을 놀라게 하신다.

밤이 이슥해지자 손님들이 집으로 돌아간다. 하지만 그들은 모두가 함께 나누었던 사랑과 온정과 흥겨움을 간직하고 돌아간다. 그들은 마음속으로 크리스마스 날처럼 매일매일 남에게 친절과 도움을 베풀고 따뜻이 대해야겠다는 다짐을 한다.

여러분 모두에게 인사말을 전하며 이 이야기를 마무리하겠다. '즐거운 크리스마스를 보내시고 새해 복 많이 받으시기를!

가난한 일곱 여행자

1장
옛 도시 로체스터에서

P. 144 엄밀히 따지자면 '가난한 여섯 여행자'였다. 하지만 나 역시 여행자였고 가난했으므로 나를 포함해 일곱 명이 된 것이다. 내가 그 경위를 설명하겠다. 모든 일은 아래 문구가 발단이 되었는데, 이것은 어느 오래된 집의 문 위에 새겨져 있었다.

> 리처드 왓츠가 가난한 여섯 여행자를 위해 1579년 이 자선원을 설립했다. 그들 각각에게 하룻밤의 숙박과 여흥과 4펜스를 제공한다. 단, 불량배와 구호금 모금인은 받지 않는다.

어느 크리스마스 이브, 나는 켄트 주의 옛 도시 로체스터에서 이 문구를 보며 서 있었다. 그 전에 나는 근처에 있는 성당의 주변을 어슬렁거리다가 리처드 왓츠의 묘를 보게 되었다. 그리고 성당지기에게 왓츠의 자선원으로 가는 길을 물었다. 마침 가까운 곳에 있다고 하기에 서둘러 찾아갔고, 그곳에서 오래된 문 위에 새겨진 문구를 읽게 된 것이다.

P. 145 "어디 보자, 난 분명 구호금 모금인은 아니지만, 내가 불량배인지 아닌지는 잘 모르겠군!" 나는 이렇게 말하며 내 인생을 돌이켜 보았다. 나는 항상 올바르게 처신해 왔다고는 할 수 없지만 분명 불량배는 아니었다. 그때 나는 분명히 쉴 곳을 찾는 지친 여행자일 뿐이었다. 리처드 왓츠는 바로 나 같은 이들을 위해 자선원을 세웠다. 나는 도로 쪽으로 물러나 집을 살펴보았다. 오래되긴 했지만 관리가 잘 되어 있었는데, 아치형 문이 하나 있고 창턱이 낮은 창들이 길게 달려 있었으며 지붕은 세 개의 박공 형태로 이루어져 있었다. 나는 집 자체는 물론이고 마을에서 자리잡은 집의 위치도 아주 마음에 들었다. 집을 구경하며 탄복하고 있을 때 위층 창문 하나가 열렸다. 노부인 한 명이 밖을 내다보았다.

"집을 구경하고 싶으세요?" 그녀가 물었다.

"네, 그러고 싶군요." 내가 대답했다.

현관문이 열리고 그녀는 나를 천장이 나지막한 방으로 안내했다. 나는 안으로 들어서면서 고개를 숙여야 했다.

P. 146 "이곳은 여행자들이 불을 쬐며 쉬는 곳이에요. 그들은 4펜스로 구할 수 있는 변변찮은 음식이나마 여기서 요리를 해 먹죠." 그녀가 말했다.

"오! 그러면 여흥은요?" 나는 '숙박과 여흥과 4펜스를 제공한다'는 문구가 생각났다.

"불이 제공됩니다. 요리 도구들도 제공되고요. 그리고 여기 게시판에 지켜야 할 행동 규칙들이 적혀 있어요. 여행자들은 우선 길 건너편 집사로부터 표를 받아야 해요. 그러고 나서 4펜스를 받죠. 때때로 어떤 여행자는 그 돈으로 베이컨 한 조각을 사고, 어떤 여행자는 청어 한 마리를 사고, 또 어떤 여행자는 감자 한 파운드를 삽니다. 때로는 두세 명이 음식을 합쳐 그런 식으로 저녁 식사를 준비하기도 합니다. 하지만 지금은 음식값이 너무 올라서 4펜스로 살 수 있는 게 그리 많지는 않아요."

나는 아늑한 벽난로와 천정의 들보들을 보며 감탄했다.

"맞아요. 그래도 여기는 정말 편안해 보이는군요."

"불편하죠." 노부인이 말했다.

나는 그녀가 리처드 왓츠의 뜻을 받들기 위해 그렇게 정성을 기울이고 있는 것을 대단한 일이라고 생각했다.

그래도 내가 보기에 그 방은 아주 편안하게 보였다.

P. 147 "아뇨, 그렇지 않아요. 겨울에는 따뜻하고 여름에는 시원하겠는데요. 가정집 같고 편안한 느낌을 줍니다. 난롯가도 정말 아늑합니다. 겨울 밤에는 바깥에서 언뜻 들여다보기만 해도 가슴이 훈훈해질 것 같아요. 그리고 가난한 여섯 여행자들에게는 편한 곳이 될 것 같은데요…"

"그 사람들을 말하는 게 아니에요. 나와 내 딸이 불편하다는 거예요. 우리가 저녁 때는 앉아 있을 곳이 없거든요." 그녀가 말했다.

바로 맞은 편에 같은 크기의 방이 또 하나 있었다. 나는 그 방은 무슨 용도로 사용되는지 물었다.

"그 방은 이사회 회의실이에요. 자선원을 운영하는 분들이 거기서 회의를 하죠." 그녀가 대답했다.

거리에서 보았을 때에는 1층의 창들 외에 2층에도 여섯 개의 창이 있었다.

"가난한 여섯 여행자들은 2층에 묵나요?" 내가 말했다.

그녀가 고개를 가로저으며 말했다. "뒤쪽에 있는 작은 방 두 개가 그들이 묵는 곳이에요. 자선원이 처음 설립되었을 때부터 침대들이 항상 거기에 놓여 있었어요."

P. 148 노부인은 내게 침대방들을 보여 주었다. 방들은 매우 작았지만 깔끔하고 깨끗했다. 노부인은 침대 여섯 개가 매일 밤 전부 찬다고 말했다.

"부인, 제가 여행자들을 만나볼 수 있을까요?" 내가 물었다.

"안 돼요, 그럴 수는 없어요!" 그녀가 화가 난 듯이 말했다.

"오늘 밤이 아니라도 됩니다, 불편하시다면요." 말했다.

"글쎄요, 지금껏 여행자들을 만나겠다는 사람도 없었고, 실제로 만났던 사람도 없었어요." 그녀가 대답했다.

나는 쉽게 단념하는 성격이 아니었기 때문에 그들을 만나게 해 달라고 그 선량한 노부인에게 졸랐다.

"유감스런 일이지만 크리스마스는 일 년에 단 한번뿐이죠. 크리스마스의 온정이 일 년 내내 이어진다면 세상은 훨씬 살기 좋은 곳이 될 겁니다. 저는 여행자들에게 저녁 식사와 함께 추위를 몰아낼 수 있는 따뜻한 멀드 와인을 대접하고 싶습니다."

결국, 대단히 기쁘게도 노부인이 승낙해 주었다. 나는 그날 밤 9시에 가난한 여섯 여행자들에게 칠면조와 구운 쇠고기로 저녁을 대접할 계획을 세웠다.

나는 내가 묵고 있던 여인숙으로 돌아가 칠면조와 쇠고기를 배달하도록 주문을 해 두었다. 그날 남은 시간 동안 내 머릿속에는 온통 가난한 여행자들 생각뿐이었다. 그들이 살을 에는 듯한 추위를 무릅쓰고 저녁의 쉼터를 찾아 오는 모습을 상상했다.

P. 149 그들은 자신들을 위해 근사한 저녁 식사가 마련돼 있는 것을 보고 놀라게 되리라. 나는 마음속으로 그들의 모습을 그려 보았다. 피로에 지치고 발은 부르터 있을 것이다. 짊어진 보따리와 꾸러미는 점점 더 무겁게 느껴지고 있을 것이다. 표지판이 나오면 어느 쪽으로 가야 할지 결정하기 위

해 굽은 지팡이에 몸을 지탱한 채 열심히 살펴볼 것이다. 어떤 이들은 중간에 길을 잃어 밤새 얼어 죽을까봐 걱정을 할지도 모른다. 나는 모자를 집어 들고 밖으로 나섰다. 멀리서 걸어오고 있는 여행자가 하나 둘 눈에 띄기를 기대하면서 오래된 성의 꼭대기로 올라가 보았다.

7시에 나는 여인숙의 내 방으로 돌아왔다. 주방에서 흘러나오는 칠면조와 쇠고기 구이의 구수한 냄새가 마당을 가로질러 내 방 창문으로 올라왔다. 8시가 되자 나는 따뜻한 멀드 와인을 커다란 갈색 도자기 주전자에 담기 시작했다. 9시를 알리는 시계 종소리가 나자 나는 그 주전자를 들고 왓츠의 자선원을 향해 출발했다. 여인숙 직원들이 내 뒤를 따라오며 저녁 식사를 날라 주었다.

P. 150 내가 휘파람을 불면 한 젊은이가 플럼 푸딩을 가져다 주기로 했다.

왓츠의 자선원에 이르자 여행자들이 모두 도착해 있었다. 식탁이 차려지고 불도 활활 지펴 놓아 방 안이 훈훈했다. 멀드 와인을 채운 주전자는 따뜻해지도록 불가에 놓아두었다. 그리고 나서 손님들에게 내 소개를 했다. 나는 그들과 악수를 하며 반갑게 인사를 나누었다. 나는 테이블 한쪽 끝에 앉았고 반대편 끝에는 노부인이 앉았다. 나머지 자리는 모두 여행자들이 차지했다.

이제 여행자들을 한 명씩 소개하겠다. 첫 번째 여행자는 당연히 나였다. 두 번째 여행자는 오른팔을 붕대로 감아 어깨에 맨 남자였다. 그의 몸에는 신선한 나무 냄새가 배어 있었다. 한때 그는 배를 건조하는 목수였을지도 모른다는 생각이 들었다. 세 번째 여행자는 꼬마 선원이었다. 숱이 많은 갈색 머리에 크고 검은 눈을 지닌 소년이었다. 네 번째 여행자는 행색은 초라해도 품위가 느껴지는 신사였다. 그는 너덜너덜한 검은 정장 차림에 붉은 끈으로 여민 조끼를 입고 있었다. 윗옷 주머니에는 지저분한 법률 문서들이 삐져나와 있었다. 다섯 번째 여행자는 외국인이 분명해 보였지만 영국인처럼 말하는 남자였다. 그는 담뱃대를 모자 테에 꽂고 있었다.

P. 151 그는 자신이 제네바에서 온 시계 기술자이고 유럽의 여러 나라를 돌아다녔다며 내게 열심히 이야기했다. 어린 미망인이 여섯 번째 여행자였다. 그녀는 꽤 어릴 뿐 아니라 소심하고 겁먹은 듯한 모습이었으며 외로워 보였다. 결혼해서 남편을 일찍 여읜 슬픔 때문에 예쁘장한 얼굴이 많이 상

해 있었다. 마지막으로 일곱 번째 여행자는 책 외판원이었다. 그는 팸플릿과 소책자들을 잔뜩 가지고 있었고, 자신이 읽은 시들을 전부 외울 수 있다고 자랑했다.

나는 그때처럼 훌륭한 칠면조와 쇠고기와 플럼 푸딩을 본 적이 없었다. 여행자들은 자기 앞에 차려진 음식을 남김없이 먹어 치웠다. 따뜻한 음식과 음료와 불기운으로 그들의 얼굴 표정이 부드러워지고 화사해지는 것을 보니 정말 기분이 좋았다. 저녁 식사가 끝나자 내가 준비한 멀드 와인이 식탁에 올랐고, 이제 서로 친해진 여행자들은 나를 난로에서 가장 가까운 자리에 앉히려고 야단이었다. 나는 극구 사양했다. 어쨌든 여행자들은 내 양편에 나누어 자리를 잡았다. 굵은 막대기로 난롯불을 뒤적이자 눈부신 불똥들이 튀면서 굴뚝으로 빨려 올라갔다.

P. 152 나는 잔마다 따뜻한 와인을 따르고 여행자들에게 건배를 제의했다.

"여러분, 메리 크리스마스." 내가 잔을 치켜들며 말했다. "땅에는 평화, 그리고 모든 이들에게 온정을!"

그리고 우리는 자비로운 리처드 왓츠를 기리며 와인을 들었다.

"자, 이제 이야기를 나눌 시간입니다. 우리의 인생이란 우여곡절과 흥망성쇠가 그득한 이야기 보따리라고 할 수 있지요. 때때로 우리는 무엇이 현실이고 무엇이 꿈인지 헷갈리기도 합니다. 사건이 다 끝난 후에야 진실이 뚜렷이 보이는 경우도 있지요. 자, 여기 앉아 쉬시는 동안 제가 이야기를 하나 해 드릴까요?"

모두가 찬성이었다. 나는 잠시 난롯불을 바라보며 생각에 잠겼다. 그 순간 굴뚝으로 빨려 올라가는 연기 사이로 언뜻 리처드 왓츠의 얼굴이 보이는 듯했다. 나는 할 이야기가 많지 않았지만, 이미 제의를 한 터라 이야기를 시작했다.

2장
리처드 더블딕 이야기

P. 153 1799년이었습니다. 제 친척 한 사람이 절뚝거리며 마을로 들어왔습니다. 그는 수중에 돈 한푼 없는 가난한 여행자였습니다. 바로 이 불가에 앉았고 여러분들이 오늘 밤 주무실 침대들 중 하나에서 잠을 잤습니다. 그는 기병 연대에 입대하기 위해 이 마을을 찾아왔습니다. 그의 목적은 전쟁에 나가 총에 맞아 죽는 것이었습니다. 걷는 걸 좋아하지 않았기에 말을 타고 죽음을 맞는 편이 나을 거라고 여겼던 겁니다.

그의 이름은 리처드였지만 '딕' 이라는 이름으로 잘 알려져 있었습니다. 이곳으로 오는 도중에 그는 자신의 성을 '더블딕' 으로 바꿨습니다. 키는 5피트 10인치였고 나이는 스물 둘이었습니다. 사람들에게 엑스머스에서 왔다고 했지만 사실 그는 엑스머스에는 가본 적도 없었죠! 맨발로 절뚝거리며 다리를 건너 왔지만 이곳에는 기병 연대가 없었습니다.

P. 154 그래서 그는 다른 연대에 지원했고, 흥청망청 술에 취해 기병 연대에 입대하려는 생각은 까맣게 잊었습니다.

그는 행동거지가 바르지 못했습니다. 하지만 그렇다고 마음까지 삐뚤어진 것은 아니었습니다. 그는 착하고 아리따운 아가씨와 약혼을 했습니다. 그런데 자신이 그녀를 사랑하는 것만큼 그녀로부터 사랑을 받지 못한다고 생각했었나 봅니다.

어떤 끔찍한 사건이 벌어진 후 그녀는 이렇게 말했습니다. "리처드, 전 다른 남자와 결혼하지 않겠어요. 당신을 봐서 독신으로 살겠지만, 이제 당신과는 두 번 다시 말하지 않겠어요. 가세요, 리처드! 하나님께서 당신을 용서하시길 빌겠어요!" 그래서 그가 여기로 오게 되었던 겁니다. 그 일 때문에 총에 맞아 죽어 버릴 작정으로 리처드 더블딕 이병이 되었지요.

리처드 더블딕 이병은 병영 내에서 가장 골치 아픈 사병이었습니다. 맨 정신일 때가 드물었고 연대에서 가장 불량한 이들과 어울리곤 했습니다. 머지않아 그가 처벌을 받으리라는 것은 누가 봐도 불 보듯 뻔했지요.

그의 중대장인 대위는 27살의 청년이었습니다. 제 친척 리처드는 자기 중대장의 영롱하고 서글서글한 검은 눈을 볼 때마다 아주 희한하게도 기를 펴지 못했습니다. 늘 웃는 눈이라고 할 수 있었지만, 그 눈이 진지한 빛을 띠게 되면 더블딕 이병은 꼼짝도 못했지요.

P. 155 톤턴 대위의 눈길을 받을 때마다 그는 수치심을 느꼈습니다. 곤혹스러웠던 그는 대위의 눈과 마주치지 않으려고 먼 길로 돌아다니곤 했습니다. 블랙홀 여인숙에서 이틀 동안 술을 마신 후 그는 톤턴 대위의 막사로 출두하라는 명령을 받았습니다. 술 냄새가 진동하고 옷도 지저분했지만 그는 명령에 불복할 수는 없었습니다. 결국 장교 막사가 있는 언덕으로 올라갔습니다.

"들어 오게!" 대위가 말했습니다. 더블딕 이병은 모자를 벗고 안으로 들어갔습니다. 대위의 검고 영롱한 눈빛과 마주치자 그는 매우 부끄러운 느낌이 들었습니다.

"더블딕 이병, 자네가 어떤 길로 빠져들고 있는지 아는가?" 대위가 말했습니다.

"파멸의 길이겠죠, 대위님?" 더블딕이 이렇게 대답했습니다.

"맞네. 그것도 아주 급속도로 빠져들고 있지. 더블딕 이병, 나는 17살 소년 시절에 입대했네. 그리고 앞길이 창창한 많은 젊은이들이 파멸의 길로 빠져드는 걸 목격했네. 하지만 자네가 그런 부끄러운 삶을 택하는 걸 보니 그 어느 때보다도 내 마음이 아프네." 대위가 말했습니다.

P. 156 "대위님, 저는 한낱 사병에 불과합니다. 저 같은 망종에게 무슨 일이 생기든 말든 중요할 게 있겠어요." 더블딕이 말했습니다.

"자네는 좋은 집안 출신에다 교육을 받은 사람이네. 자기 자신을 그렇게 쓸모없다고 생각하다니 믿을 수가 없네. 자네의 장래를 다시 한 번 곰곰이 생각해 보게나." 대위가 이렇게 말했습니다.

"전 어서 죽고 싶은 마음뿐입니다. 제가 없어지면 연대는 물론이고 세상도 편해질 테니까요."

더블딕은 자신에게 그토록 큰 영향을 주는 대위의 눈을 쳐다보았습니다. 졸도할 것 같은 느낌이 들자 그는 톤턴 대위의 눈길을 피하려고 손을 들어 눈을 가렸습니다.

"더블딕, 어머니가 계신가?" 대위가 물었습니다.

"이미 돌아가셨다고 말씀 드릴 수 있어 다행입니다, 대위님."

"연대 전체와 군 전체, 그리고 나라 전체에서 자네에 대한 칭송이 자자하다면 얼마나 좋겠나. 자네 어머니께서 살아 계시다면 '그가 우리 아들이오!' 하면서 자랑스러워하시고 기뻐하실 거라는 걸 생각해 보게." 대위가 말했습니다.

"오, 대위님, 저희 어머니는 훌륭한 아들을 뒀다는 소리를 못 들어 보셨습니다.

P. 157 절 사랑하고 아끼셨겠지만 아들을 자랑스럽게 여기지 못하셨습니다. 대위님, 용서하십시오! 전 타락한 놈이므로 대위님의 처분을 달게 받겠습니다!" 더블딕은 벽 쪽으로 고개를 돌렸습니다.

"여보게…" 대위가 말했습니다.

"대위님께 하나님의 가호가 있기를 바랍니다!" 리처드 더블딕 이병이 흐느꼈습니다.

"자네는 지금 인생의 위기를 맞고 있네." 대위가 말했습니다. "그러므로 옳은 길을 선택해야 하네. 명령을 계속 어기면 엄한 처벌을 받게 될 걸세. 자네가 눈물을 흘리는 걸 보니 그런 처벌을 견뎌낼 수 없을 것 같군. 마음을 단단히 먹게나. 그렇지 않으면 영원히 헤어나지 못할 거야."

"대위님 말씀이 맞습니다." 더블딕 이병이 말했습니다.

"하지만 누구든 자신의 본분에 충실하면 자존심을 찾을 수 있네. 그리고 이처럼 혼란한 시기에는 자신의 본분에 충실하면 세상의 인정을 받을 수가 있네. 그런 의지마저 사라지기 전에 지금부터 자신을 변화시키려고 노력해 보게." 대위가 말했습니다.

"알겠습니다! 제게는 단 한 분의 증인만 필요할 뿐입니다, 대위님." 리처드가 말했습니다.

P. 158 "알겠네. 내가 자네를 지켜보는 든든한 친구가 되어 주겠네." 대위는 이렇게 말했습니다.

제가 리처드 더블딕 본인에게 직접 들은 얘기인데요. 그는 무릎을 꿇고 대위의 손에 입을 맞추었습니다. 그리고 일어섰을 때 그는 대위에게 감화되어 자신이 더 나은 사람이 되었음을 깨달았습니다. 1800년, 톤턴 대위의 연대는 인도에 배치되었습니다. 그리고 항상 그의 곁에서 모든 전쟁터를 누볐던 그 유명한 군인이 리처드 더블딕 병장이었습니다. 그는 용감하고 충성을 다하는 진정한 군인이라는 명성을 얻었지요.

1805년 그 연대는 인도에서 격렬한 전투를 치렀습니다. 더블딕 원사는 적진을 뚫고 빼앗겼던 연대기들을 되찾았습니다. 그리고 부상을 입고 낙마해 쓰러져 있던 대위를 구출하였습니다. 그 영웅적인 활약을 인정 받아 그는 소위로 진급했습니다.

낡은 연대기들은 심하게 훼손되어 있었습니다. 하지만 더블딕 소위가 깃발들을 되찾아 오는 용맹을 보여 주자 전 연대는 용기백배하여 그의 뒤를 충성스럽게 따르며 전투를 벌였습니다. 영롱한 검은 눈을 지닌 톤턴 소령과 그의 충실한 부하였던 리처드 더블딕 소위의 활약상은 전설이 되었습니다. **P. 159** 그들이 가는 곳마다 항상 영국군의 용맹한 정신이 따른다는 얘기가 퍼졌습니다.

어느 날, 바다조스에서 격렬한 전투를 벌이던 중 두 사람은 한 무리의 프랑스 보병들과 정면으로 마주쳤습니다. 더블딕은 그들을 이끄는 한 장교가 칼을 휘두르며 부하들을 집결시키는 광경을 보았지요. 적병들이 그들을 향해 사격을 퍼부었고, 톤턴 소령은 심각한 부상을 당하고 말았습니다. 더블딕의 연대는 대응 사격을 퍼부어 결국 전투를 승리로 이끌었습니다. 그리고 나서 더블딕은 치명적인 부상을 입은 친구 곁으로 가 보았습니다.

"여보게, 더블딕, 난 이제 틀렸네." 톤턴 소령이 말했습니다.

"오, 하나님, 안됩니다!" 더블딕은 그의 곁에 무릎을 꿇으며 외쳤습니다. "톤턴 소령님! 저의 수호천사이자 증인이고 친구이며 가장 친절한 분이시여! 오 제발!"

톤턴의 얼굴은 창백했지만 그의 검은 눈동자는 여전히 더블딕을 바라보며 밝게 빛나고 있었습니다.

P. 160 그는 이렇게 말했습니다. "고향에 돌아가면, 우리 어머니께 편지를 써 주게. 그리고 우리가 어떻게 친구가 되었는가를 말씀 드리게. 그러면 내게 위안이 되듯이 어머니께도 위안이 될 걸세."

그는 더 이상 말을 잇지 못했습니다. 하지만 다시금 소위에게 미소를 지어 보였지요. 그리고는 눈을 감더니 고개를 떨구며 평온하게 숨을 거두었습니다. 그날 친구를 묻은 후 리처드 더블딕 소위는 외로움과 슬픔에 빠졌습니다. 이후에도 그는 자신의 본분을 다했지만, 진심으로 원하는 일은 딱 두

가지뿐이었습니다. 첫 번째는 톤턴 소령의 머리카락을 그의 어머니께 전해 드리는 일이었고, 두 번째는 병사들에게 사격 명령을 내려 자신의 절친한 친구를 죽게 했던 프랑스 장교를 찾아내는 일이었습니다.

병사들 사이에서 새로운 전설이 퍼지기 시작했습니다. 더블딕 중위가 그 프랑스 장교를 찾아내는 날, 프랑스에서 곡소리가 울려 퍼질 것이라는 이야기였습니다. 전쟁은 계속되었습니다. 더블딕은 용감하게 싸웠지만 그 프랑스 장교는 찾아내지 못했습니다. 1814년 툴루즈 전투에서 그는 심한 부상을 입어 고향으로 후송되었습니다.

몸도 쇠약해지고 통증도 심했지만, 그는 서둘러 톤턴의 어머니를 찾아가 머리카락을 전해 드리고자 했습니다. 때는 일요일 저녁이었고 톤턴의 어머니는 창가에 앉아 성경을 읽고 있었습니다. 그가 문을 노크했고, 소령의 어머니는 그의 모습을 보자마자 그가 찾아온 이유를 알아차렸습니다.

P. 161 그가 아들의 전사 소식을 전하자 부인의 검고 영롱한 눈에서 눈물이 하염없이 흘러내렸습니다.

"그는 파멸의 길에서 절 구해내셨습니다. 그리고 저를 올바른 인간이 되도록 이끌어 주셨습니다. 오, 그에게 하나님의 축복이 있기를! 그는 축복을 받으실 겁니다. 축복을 받으실 거예요, 틀림없어요!"

"그래요! 우리 애는 천국에 갔을 거예요!" 톤턴 부인이 말했습니다.

더블딕이 자신의 과거를 털어 놓았던 사람은 오직 톤턴 소령뿐이었습니다. 하지만 그날 밤, 그는 2년 동안 마음 속에 간직해 왔던 말이 생각났습니다. "우리가 어떻게 친구가 되었는가를 말씀 드리게. 그러면 내게 위안이 되듯이 어머니께도 위안이 될 걸세." 그래서 그는 톤턴 부인에게 자신의 과거사를 모두 털어 놓았습니다. 그는 나이가 들어 어머니와 상봉한 듯한 느낌이 들었습니다. 톤턴 부인도 슬픔에 젖어 있었지만 새로 아들 하나가 생긴 기분이었지요. 그는 부상에서 회복할 때까지 톤턴 부인과 함께 지냈습니다. 연대로 다시 복귀할 때가 되자, 그는 축복을 기원하는 톤턴 부인을 뒤로 하고 길을 떠났습니다.

비가 부슬부슬 내리던 6월 어느 날 아침, 그는 부하들과 함께 워털루 벌판에 서 있었습니다.

P. 162 명성이 자자한 그의 연대는 일찌감치 진격을 개시했습니다. 그들은

용감하게 싸웠지만, 사상 처음으로 후퇴를 했습니다. 그때 더블딕 중위가 쓰러지자 그의 부하들은 그의 복수를 위해 다시 뭉쳤습니다. 진흙구덩이와 깊은 참호를 뛰어넘으며 적을 추격했고 그들에게 맹포격을 퍼부었습니다. 그리고 부상을 입거나 죽어가는 전우들을 임시로 만든 수레에 실어 날랐습니다.

심한 부상을 입은 리처드 더블딕 중위는 브뤼셀로 후송되어 몇 주 동안 혼수 상태에 빠져 있었습니다. 마침내 부대가 승진보와 함께 브뤼셀로 행군해 들어왔고 시민들이 몰려나와 그들을 환영하며 승리를 축하했지요.

리처드 더블딕 중위는 차츰 의식을 되찾았습니다. 의식이 오락가락하는 가운데 그는 옛 시절을 꿈꾸었지요. 하루는 깨어 보니 아름답고 고요한 가을날의 석양 무렵이었습니다. 방은 쾌적하고 조용했으며 발코니 쪽으로 커다란 창문이 나 있었습니다. 나무들이 미풍에 살랑거리는 모습이 보였고 달콤한 꽃 향기도 스며들었습니다. 너무나 고요하고 아름다워서 그는 자신이 죽어서 천국에 왔다고 생각했습니다.

P. 163 "톤턴 소령님, 제 곁에 계십니까?" 그는 이렇게 중얼거렸습니다.

누군가의 얼굴이 보였습니다. 한 여인의 얼굴이었지만 자신의 어머니는 아니었습니다.

"너를 간호하러 몇 주 전에 왔단다. 아무 기억도 안 나니?" 톤턴 부인이 말했습니다.

"아무것도요." 그가 말했습니다.

톤턴 부인은 그의 뺨에 키스를 하고 손을 잡아 주며 그를 진정시켰습니다.

"저희 연대는 어디에 있나요? 무슨 일이 있었죠? 제가 어머니라고 부를게요. 무슨 일이 있었죠, 어머니?"

"전쟁은 이겼단다, 애야. 너희 연대가 가장 용감하게 싸웠어." 그녀가 말했습니다.

그의 입술이 떨렸고, 눈물이 뺨을 타고 흘러내렸습니다. 그는 너무 쇠약해져 눈물을 닦을 기운마저 없었습니다.

"방금 해가 졌나요?" 그가 물었습니다.

"아니란다." 그녀가 말했습니다.

"무언가 검은 그림자 같은 게 방금 지나갔어요. 그리고 따스한 햇빛이 제 얼굴에 닿는 순간, 옅은 흰구름 같은 게 방을 빠져나가는 것 같았어요. 방

밖으로 무언가가 나가지 않았나요?"

P. 164 톤턴 부인은 고개를 가로저으며 그의 손을 잡아 주었습니다. 잠시 후 그는 잠이 들었습니다.

그때부터 그는 서서히 회복되었습니다. 그는 머리에 심한 부상을 입었고 가슴에도 총상을 입었습니다. 어느 날 그는 상쾌한 기분으로 눈을 떴지만 침대 주위에는 커튼이 그대로 쳐져 있었습니다. 그는 책을 읽어 달라고 하기 위해 톤턴 부인을 찾았습니다. 그때 다른 여인의 목소리가 들렸습니다.

"낯선 사람을 보셔도 괜찮겠어요?" 그 여인이 부드럽게 말했습니다.

"낯선 사람!" 그가 말했습니다. 그 목소리를 듣자 입대 전의 기억이 떠올랐습니다.

"한때는 낯선 사람이 아니었죠. 리처드, 오, 리처드, 우린 소중한 시간을 너무 많이 잃어 버렸어요." 그녀가 말했습니다.

"메리." 그가 외쳤습니다. 그녀는 즉시 그를 품에 안았습니다.

"지금 당신에게 말하고 있는 이 사람은 메리 마셜이 아니에요." 그녀가 말했습니다. "전 결혼했답니다."

그는 눈물로 얼룩진 그녀의 아름다운 얼굴을 들여다보았습니다.

"리처드, 생각해 보세요, 저의 새로운 이름을 들어본 적이 없나요?" 그녀가 말했습니다.

"아니, 전혀!" 그는 절망에 빠진 심정으로 말했습니다.

"리처드, 제가 말씀 드릴게요." 메리가 말했습니다.

P. 165 "전 오랫동안 마음씨 넓고 훌륭한 한 남자를 진심으로 사랑해 왔어요. 그 사람은 용감한 군인이었는데, 저는 그의 생사를 알지 못했지요. 그 사람은 많은 사람들의 존경과 사랑을 받았답니다. 그 사람과 절친했던 친구의 어머니께서 저를 찾아오셨어요. 그 사람이 한시도 절 잊은 적이 없으시어서 그의 곁으로 가 봐야 한다고 하셨지요. 큰 전투에서 부상을 당해 이곳 브뤼셀로 후송되었다고 하시면서 말이죠. 제가 그 사람을 간호하며 지켜보고 있는 동안, 그는 거의 신음소리 한 번 내지 않고 고통을 견뎌내더군요. 그 사람의 죽음이 목전에 이르렀을 때, 저는 그와 결혼했어요. 죽기 전에 저를 자신의 부인이라고 부를 수 있게 해 주기 위해서요. 그리고 그 이름은, 내 사랑, 그날 밤 내가 얻은 이름은…"

"이제 알겠어!" 그는 흐느꼈습니다. "하나님 감사합니다, 이제 기억나! 내 친구의 유언이 드디어 이루어졌어. 난 마침내 집에 돌아온 거야!"

더블딕이 회복하는 데는 오랜 시간이 걸렸습니다. 하지만 그와 메리는 함께 있는 것만으로도 행복했지요. 이른 봄이 되자, 그는 마차를 탈 수 있을 정도로 몸이 좋아졌습니다.

시민들은 그를 다시 보자 기뻐했고 거리로 몰려 나와 그에게 환호를 보냈습니다.

P. 166 더블딕 대위는 건강을 완전히 회복하기 위해 메리와 함께 프랑스 남부로 갔습니다. 여섯 달 후 그들은 영국으로 돌아왔습니다. 톤튼 부인은 일년 동안 프랑스로 돌아가 있겠다고 했습니다. 나이가 들었음에도 그녀의 영롱한 검은 눈동자는 전혀 빛을 잃지 않았지요.

P. 167 리처드 더블딕 대위는 이제 건강하고 멋진 남자가 되어 있었습니다. 그는 연말에 프랑스로 가서 톤튼 부인을 고향으로 모시고 돌아올 계획을 세웠습니다.

톤튼 부인은 농가를 세내어 살고 있었습니다. 그리고 한때 그 지역에서 부유했던 한 가족과 친해졌습니다. 그녀가 프랑스에서 머무는 마지막 한 달 동안은 그 가족의 저택에 머물렀습니다. 그 가족의 가장이 리처드 더블딕 대위에게 며칠 머물다 가라고 초대장을 보내왔습니다.

더블딕 대위는 정중한 답장을 보내 그의 제의를 받아들였습니다. 전쟁이 끝난 뒤 3년 만에 다시 프랑스를 방문한 그는 시골 풍경이 달라진 데 놀라지 않을 수 없었습니다. 이제 전쟁터의 병사들의 발에 짓밟힐 일이 없는 들판에는 농작물로 가득했습니다. 곳곳의 연기는 불에 탄 폐허가 아니라 평화로운 벽난로에서 솟아오르고 있었습니다.

짙은 푸른 색조의 어둠이 내려앉은 저녁 무렵, 그는 저택에 도착했습니다. 둥근 탑들과 높은 지붕이 있는 커다란 저택이었습니다. 낮 동안의 열기를 식히려는지 많은 창문들이 모조리 열려 있는 상태였습니다. 현관문도 열려 있었지만 초인종이나 문 두드리는 쇠고리는 찾을 수 없었습니다.

P. 168 그는 어둑어둑하고 커다란 석조 홀 안으로 들어갔는데, 그곳은 시원한 냉기가 감돌고 있었습니다.

'음, 입구부터 좀 으스스하군!' 그는 이렇게 생각했습니다.

갑자기 누군가의 시선이 느껴져 그는 위의 회랑을 쳐다보았습니다. 그때 그의 가슴 속에 그토록 사무쳐 있던 프랑스 장교의 얼굴을 발견하고 충격을 받았습니다. 그 사나이는 그를 맞이하기 위해 계단을 뛰어내려 왔습니다.

"리처드 더블딕 대위님이시죠? 만나 뵙게 되어 정말 기쁩니다! 정말 죄송합니다! 정원에서 파티를 한다고 하인들이 다들 밖에 나가 있습니다. 우리 딸 아이 생일이거든요." 그가 말했습니다.

워낙 친절하게 반기는 바람에 더블딕은 할 수 없이 악수를 해야 했습니다.

"용맹한 영국인의 손이군요. 비록 적이었지만 전 용감한 영국인을 존경합니다. 더욱이 제 손님으로 오셨으니 두말할 나위가 없지요! 저 역시 군인입니다." 프랑스 장교가 말했습니다.

'나를 기억하지 못하는군. 그 사실을 어떻게 말해야 할까?' 더블딕 대위는 생각에 잠겼습니다.

프랑스 장교는 손님을 정원으로 안내해 톤턴 부인과 함께 앉아 있던 자기 부인에게 소개했습니다.

P. 169 그의 어린 딸이 달려 나와 아버지를 껴안았죠. 어린 사내아이 하나도 계단을 뒤뚱거리며 내려오더니 달려와 아버지의 다리에 매달렸습니다. 아이들은 흥겨운 음악에 맞춰 폴짝폴짝 뛰어다녔고 저택의 하인들과 소작인들도 모두 춤을 추었습니다. 순수한 행복이 느껴지는 모습이었습니다. 더블딕은 대단히 복잡한 심정으로 그 광경을 지켜보았습니다. 이윽고 큰 종소리가 울렸고 프랑스 장교는 더블딕에게 묵을 방으로 안내하겠다고 했습니다. 그들은 위층 회랑으로 올라갔습니다. 리처드 더블딕 대위는 세간이 잘 구비돼 있는 커다란 방으로 안내되었습니다.

"워털루 전쟁에 참전하셨다지요." 프랑스 장교가 말했습니다.

"그렇습니다. 그리고 바다조스 전투에도 참가했지요." 리처드 더블딕 대위가 대답했습니다.

그러고 나서 그는 방에 혼자 남아 긴 여행의 피로를 풀었습니다.

'어떻게 해야 하나? 그에게 어떻게 말해야 할까?' 그는 생각했습니다. '이 장교의 호의를 어떻게 거절해야 하나? 그리고 어머니께는 어떻게 말해야 한단 말인가?' 그는 영국과 프랑스 장교들이 맞서 싸운 것은 오로지 전쟁 탓이었다는 것을 잘 알고 있었습니다.

P. 170 그때 갑자기 노크 소리가 들렸습니다. 문을 열어 보니 톤턴 부인이 서 있었습니다.

방 안으로 들어온 그녀가 말했습니다. "너와 이 집 주인은 분명히 평생 좋은 친구가 될 것 같구나. 리처드, 그는 마음이 아주 넓은 사람이므로 너도 좋아할 거야. 만약 우리 아이가 살아 있다면 역시 그와 어울리고 싶어했을 거야. 그런 사람과 적이 되어야 했던 불행한 시절이 이제 다 지났다는 사실에도 정말 기뻐했을 테고 말이야. 이제 난 가서 저녁 준비를 해야겠구나."

톤턴 부인이 나가자 그는 문을 닫았습니다. 그리고 혼자 중얼거렸습니다. "이승을 떠난 친구여, 제가 이렇듯 긍정적으로 생각할 수 있도록 당신이 돕고 계신 건가요? 제가 이 남자와 운명적으로 만나도록 이끌어 준 분이 당신인가요? 어머니를 보내어 저의 분노를 가라앉혀 주신 건가요? 이 남자 또한 당신처럼 자기 본분을 다했을 뿐이라고 일러 주시는 건가요?"

그는 주저앉아 머리를 감싸 쥐었습니다. 드디어 자리에서 일어섰을 때 그는 결단을 내렸습니다. 그는 프랑스 장교나 톤턴 부인, 그리고 누구에게도 자신이 알고 있는 사실을 결코 알리지 않기로 했습니다. 얼마 후, 리처드 더블딕은 프랑스 장교와 잔을 부딪쳐 건배를 하면서 마음속으로 그를 용서했습니다.

P. 171 그 후, 리처드 더블딕 소령의 아들과 프랑스 장교의 아들은 같은 목적을 위해 어깨를 나란히 하고 전쟁터에 나섰습니다. 영국과 프랑스는 서로의 차이 때문에 잠시 갈라섰다가 다시 만난 형제와 같았습니다. 드디어 평화로운 시절이 도래하여 양국은 다시 굳게 뭉치게 된 것입니다.

3장
길

P. 172 내가 이야기를 마친 것은 자정 무렵이었다. 멀드 와인은 동이 났고 여행자들은 하품을 하기 시작했다. 나는 그들 모두가 아침 7시에 뜨거운 커

피를 마실 수 있도록 미리 준비를 해 놓았다.

그날 밤 나는 잠을 제대로 이루지 못했다. 음식이나 술 때문이 아니었고 리처드 왓츠의 얼굴이 자꾸 꿈에 나타나 잠에서 깨곤 했기 때문이었다. 다음 날 아침 6시가 되어 침대를 벗어나서야 그의 얼굴을 떨쳐 버릴 수 있었다. 식당은 썰렁했고 달랑 초 하나만 타고 있었다. 여행자들은 모두 단잠을 잤다고 했다. 그들은 고마워하며 뜨거운 커피와 빵과 버터로 아침 식사를 했다. 동트기 직전, 우리는 거리로 나섰고 악수와 함께 작별 인사를 나누었다.

젊은 미망인은 꼬마 선원을 데리고 채텀 쪽으로 떠났다. 그곳에서 꼬마 선원이 시어네스로 가는 증기선을 탈 수 있기 때문이었다. 변호사는 자신의 행선지를 밝히지 않고 자기 갈 길로 떠났다. 다른 두 여행자들은 성당과 옛 성이 있는 쪽으로 떠났다.

P. 173 나는 책 외판원과 함께 다리를 건넜다. 다리 끝에서 그와 작별한 후, 나는 코범 숲을 거쳐 런던을 향해 여행을 계속했다.

쌀쌀한 바람을 헤치며 걷는 동안 안개가 걷히기 시작하더니 해가 떠올랐다. 하얀 서리들이 사방에서 반짝이고 있었다. 저렇게 즐겁게 뛰노는 아이들을 어찌 사랑하지 않으리! 길을 걸으며 지나치는 정원마다 새로운 아침 햇살을 받아 반짝거리고 있었다. 세상 모든 만물이 예수님의 탄생을 기쁘게 맞이하고 있는 듯했다.

이렇듯 주위가 온통 크리스마스 분위기 젖어 있는 가운데, 드디어 블랙히스에 이르렀다. 나는 그리니치 공원에 길게 늘어선 나무들을 따라 걸었다. 런던의 밝은 불빛들을 향해 걷다 보니 다시 안개가 밀려 왔다. 크리스마스를 축하하기 위해 나의 가족들이 한자리에 모였고, 우리 집 난롯불은 더욱 밝게 타오르며 그들의 얼굴을 훤히 비춰 주었다. 그날 밤 나는 존경스런 리처드 왓츠 씨의 이야기와 함께 가난한 여섯 여행자들과 저녁 식사를 했던 이야기를 가족에게 들려주었다. 그 후로 나는 그 여행자들을 다시는 만나지 못했다.

명작에서 **찾은**
생활영어

A CHRISTMAS CAROL
& OTHER STORIES
CHARLES JOHN HUFFAM DICKENS

말리 영감은 분명히 죽었다.
Old Marley was as dead as a dodo.

「크리스마스 캐럴」은 스크루지의 동업자인 말리 영감이 세상을 떠난 이야기로 시작됩니다. 하지만 말리 영감은 곧 유령이 되어 나타납니다. 위 문장에서 말리 영감이 분명히〔틀림없이〕 죽은 것을 묘사하기 위해 as dead as a dodo 라는 표현이 사용되었는데요, 「크리스마스 캐럴」에는 이 외에도 '죽다' 라는 표현으로 breathe one's last, sink into one's grave가 나옵니다. 이와 비슷한 표현으로는 pass away, bite the dust 등이 있답니다.

The man said, "I hear the old Devil has breathed his last." 그 남자가 말했다. "그 늙은 악마가 숨을 거뒀다는군."

Tim passed away peacefully yesterday, two days short of his 85th birthday.
팀은 자신의 85번째 생일을 이틀 앞둔 어제 평화롭게 세상을 떠났다.

We are all going to bite the dust someday.
우리 모두 언젠가는 죽는다.

The sun is born each morning, rides across the upper world, and sinks into his grave at night.
태양은 매일 아침 태어나 지상의 세계를 가로질러 여행하다 밤에 무덤으로 들어간다.

'죽다' 라는 말은 정말 다양하게 표현할 수 있군요. 그럼 아래 dialog를 통해 확실히 내 것으로 만들어 봐요.

A : Professor James breathed his last yesterday at the hospital.

B : Oh, my Goodness! I know he's been fighting stomach cancer but he's gone too early.

A : Yeah, he passed away just six months after being diagnosed with the disease.

B : Why don't we attend his funeral and express our condolences to his family?

A : 제임스 교수님이 어제 병원에서 숨을 거두셨대.
B : 어머나! 위암 투병 중이셨다는 건 알고 있었지만 너무 빨리 돌아가셨네.
A : 맞아, 그 병 진단을 받고 6개월 만에 돌아가셨으니까.
B : 우리 교수님 장례식에 참석해서 가족들에게 애도를 표하자.

그는 가쁜 숨을 몰아 쉬고 있었지만 흥분으로 눈이 반짝거렸다.
He was out of breath but his eyes were sparkling with excitement.

크리스마스 이브에 스크루지의 조카가 그를 크리스마스 만찬에 초대하려고 사무실을 방문합니다. 사무실로 들어서는 조카의 모습을 묘사한 위의 문장에서 숨을 헐떡거리다라는 의미의 be out (short) of breath가 사용되었는데요, 이와 비슷한 표현으로는 gasp for breath가 있답니다. 또 '숨을 가다듬다'라는 뜻의 catch one's breath, '숨이 멎을 만큼 놀라다'라는 뜻의 one's breath is taken away, '숨을 죽이다(참다)'라는 뜻의 hold one's breath도 유용하니 함께 알아두세요!

Suddenly a girl in a white robe appeared and I gasped for breath in horror.
갑자기 흰 옷을 입은 소녀가 나타나서 나는 공포에 질려 숨을 헐떡거렸다.

He was laughing so much that he had to sit down to catch his breath.
그는 너무 많이 웃은 탓에 앉아서 숨을 가다듬어야 했다.

The gentleman sighed, as if his breath were taken away. 그 신사는 숨이 넘어갈 듯이 한숨을 쉬었다.

I held my breath when the final results were announced. 최종 결과가 발표되는 순간 나는 숨을 죽였다.

breath가 들어간 여러 표현들, 외워두면 유용할 거예요. 그럼 아래 dialog로 다시 한 번 연습해 볼까요?

A : Jim boasts that he can hold his breath under water for five minutes!

B : There he goes again! He told me he wouldn't be short of breath after sprinting 100m.

A : He jokes around so much that now people won't believe a word he says.

B : I gave him some advice about that but he laughed it off.

A : 짐은 자기가 물 속에서 5분 동안 숨을 참을 수 있다고 자랑하더라.
B : 또 그러네! 나한테도 자기는 100m 달리기를 하고 나서도 숨이 안 찬다고 하더니.
A : 그 친구는 지나치게 농담을 하고 다녀서 이제 사람들은 그의 말을 한마디도 안 믿을 거야.
B : 내가 그 점에 대해 충고를 좀 해 줬는데, 그냥 웃어 넘기더라고.

스크루지는 커다란 막대자를 집어 들어 아이를 쫓아 버렸다.

Scrooge picked up a large ruler and chased the boy away.

크리스마스 이브, 사람들은 축제 분위기에 젖어 있지만 스크루지는 이를 못마땅하게 여깁니다. 거리의 한 꼬마가 스크루지의 사무실 열쇠 구멍에 입을 대고 크리스마스 캐럴을 부르자 아이를 쫓아 버리는 장면을 묘사한 위 문장에서, 우리는 동사 chase와 결합하여 '…을 멀리 쫓아 버리다'라는 뜻을 만들어내는 away에 주목해야 합니다. **away**는 **저쪽으로, 떠나, 차츰 사라져**라는 여러 가지 뜻을 지니고 다양한 동사와 결합해 관용구들을 만든답니다. 아래 예문으로 확인해 보실까요?

He frightened everyone away when he was alive.
그는 생전에 보는 사람마다 겁을 줘 쫓아 버렸다.

The drunk driver ran away when a police officer told him to pull over.
그 술 취한 운전자는 경찰관이 차를 길가에 대라고 하자 달아나 버렸다.

Its sound was like the rush of a wild wind that died away as it passed by.
그 소리는 마치 거센 질풍이 지나가며 서서히 사라지는 것과 같았다.

Christmas has come around and the unkind feelings have melted away.
크리스마스가 돌아왔고 불쾌한 감정들은 눈 녹듯 사라져 버렸다.

away가 동사와 만나 만들어 내는 다양한 표현들, 아래 dialog로 한 번 더 연습해 볼까요?

A : That homeless guy snatched a loaf of bread at the bakery and began to run away!

B : Why don't they show a little kindness and give some bread to the poor guy?

A : There are always a few homeless guys hanging around there. If they help one, they'd have to help all of them.

B : Ah, that's why they keep chasing them away.

A : 저 노숙자가 빵집에서 빵 한 덩이를 잡아채 달아나기 시작하는데!
B : 왜 그 가게는 그 불쌍한 사람에게 빵을 적선하는 친절을 베풀지 않는 거지?
A : 음, 저기 주변엔 항상 노숙자 몇 명이 어슬렁거리거든. 한 사람을 도와주면 전부 도와 줘야 하잖아.
B : 아, 그래서 항상 그들을 쫓아 버리는 거구나.

스크루지는 얼굴이 창백해졌고 공포에 질려 거의 쓰러질 지경이었다.
Scrooge turned pale and almost collapsed with fright.

집 안의 모든 종들이 한꺼번에 울리자 놀란 것도 잠시, 갑자기 말리의 유령이 방문을 뚫고 나타나자 스크루지는 기절초풍합니다. 이 장면을 묘사한 위 문장에서 스크루지의 낯빛을 pale(창백한)을 써서 표현하고 있는데요, 이렇듯 얼굴색이 공포·충격·병으로 창백할 때 쓰는 유사 표현으로는 ashen, pallid, white 등이 있습니다. 또 흥분·수치심·분노 등으로 붉을 때는 crimson을, 건강해서 불그스름할 때는 rosy를 쓴답니다.

Amy walked into the room, ashen-faced with shock. 에이미는 충격으로 잿빛이 된 얼굴로 방으로 들어왔다.

In contrast to his tanned face, hers seemed pallid and unhealthy.
햇빛에 그을린 그의 얼굴과는 대조적으로 그녀의 얼굴은 창백하고 건강해 보이지 않았다.

The girl turned crimson when young men whistled as she walked by.
소녀가 지나갈 때 젊은이들이 휘파람을 불자 소녀는 얼굴이 새빨개졌다.

The children's bright eyes and rosy cheeks always make them look healthy.
그 아이들의 초롱초롱한 눈과 장밋빛 뺨은 늘 그들을 건강하게 보이게 한다.

안색을 나타내는 다양한 표현들, 재미있으셨나요? 아래 dialog에서 다시 한 번 실력을 다져 볼까요?

A : What happened? You looked pale.
B : I was almost killed by a truck at the crosswalk. It whizzed by a few steps away from me.
A : What a close call!
B : All the people crossing the road screamed and turned white with shock. The driver must have been drunk at the wheel.

A : 무슨 일 있었니? 너 얼굴이 창백해.
B : 횡단보도에서 트럭에 거의 치일 뻔했어. 트럭이 몇 발자국 앞에서 휙 지나가더라고.
A : 정말 큰일 날 뻔했구나!
B : 길을 건너던 모든 행인들이 비명을 지르고 충격으로 하얗게 질렸어. 그 운전자는 음주운전을 하고 있었던 게 틀림없어.

아주 놀랍게도, 시계 종소리는 12번 울리고 멈췄다.
To his great astonishment it stopped at twelve.

스크루지는 말리의 유령에게 시달린 후 잠이 들었다가 깨어납니다. 그런데 시계 종소리가 12번 울리자 깜짝 놀라죠. 자신이 잠든 시각이 새벽 2시였기 때문이죠. 이때의 상황을 묘사한 위 문장에서 주목할 표현이 To his great astonishment인데요, 문장 앞에 **to one's + 감정명사**가 나오면 **누가 …하게도**라는 의미가 된답니다. 이 구문에 쓰일 수 있는 감정 명사로는 astonishment, disappointment, regret, dismay, joy 등이 있습니다.

To her disappointment, she failed to pass the bar exam. 실망스럽게도, 그녀는 변호사 시험에 통과하지 못했다.

To my regret, my monthly rent went up by 20 % this month. 유감스럽게도, 이번 달에 월세가 20 퍼센트나 올랐다.

Much to her husband's dismay, she spends a lot of money buying designer clothes.
그녀의 남편을 매우 당황하게 한 것은, 그녀가 명품 옷에 많은 돈을 쓴다는 점이다.

To his joy, the vet informed him that his cat was due to give birth in a week.
기쁘게도, 수의사는 그에게 그의 고양이가 일주일 후 새끼를 낳을 것이라고 말했다.

이제 'to one's + 감정명사' 구문, 잘 활용할 수 있겠죠? 그럼 아래 dialog로 실력을 다져 볼까요?

A : To her great joy, Rio asked Christine to marry him last night.
B : That's why she's been all smiles today.
A : Yeah, but much to our regret, there are few single men left in our team.
B : Don't worry. Three new men are soon going to join our team. And all of them are single and handsome!

A : 크리스틴이 매우 기뻐할 텐데, 리오가 어젯밤에 그녀에게 청혼했대.
B : 그래서 오늘 그녀가 싱글벙글했구나.
A : 그래, 하지만 아주 유감스럽게도, 이제 우리 팀에 미혼 남성이 거의 남아 있지 않다는 거야.
B : 걱정 마. 남자 신입 사원 세 명이 곧 우리 팀으로 온대. 모두 미혼이고 잘 생겼대!

그는 의식이 오락가락하는 가운데 자신의 젊은 시절을 꿈꿨다.

He went in and out of consciousness and dreamed of his younger days.

「가난한 일곱 여행자」에 나오는 표현입니다. 워털루 전투에서 중상을 입고 후방으로 후송된 더블딕 중위가 혼수상태에 빠져 있다가 차츰 의식을 되찾는 과정을 묘사하고 있는데요, 여기서 주목할 표현이 의식이 오락가락하다 라는 뜻의 go in and out of consciousness 입니다. 이 외에도 의식과 관련된 표현으로는 '의식을 잃다, 기절하다' 라는 뜻의 faint, black out과, '의식을 회복하다' 라는 뜻의 come back to life, recover(regain) consciousness 등이 있답니다.

He held on tightly to his chair to stop himself from fainting. 그는 졸도하지 않기 위해 의자를 꼭 붙잡았다.

He must have blacked out after drinking a bottle of vodka. 그는 보드카 한 병을 다 마신 후 의식을 잃었음이 분명하다.

When he came back to life, he found himself lying on the beach alone.
정신을 차리고 보니, 그는 자신이 해변에 혼자 누워 있다는 것을 깨달았다.

The victim was immediately taken to the hospital but never recovered consciousness.
그 피해자는 병원으로 즉시 이송되었지만 의식을 전혀 회복하지 못했다.

'의식을 잃다(회복하다)' 라는 표현들, 아래 dialog를 통해 다시 한 번 연습해 볼까요?

A : Why the long face?
B : My grandma had a stroke yesterday and lost consciousness.
A : I'm sorry to hear that. Has she regained consciousness yet?
B : No. She had surgery, but the doctor said she had been taken to the hospital too late. It means her brain was deprived of oxygen for too long.

A : 왜 그렇게 우울하니?
B : 우리 할머니가 어제 뇌졸중으로 쓰러지셔서 의식을 잃으셨어.
A : 안됐구나. 의식은 돌아오셨니?
B : 아니. 수술을 받으셨지만, 의사 말이 할머니가 병원에 너무 늦게 도착하셨대. 할머니 뇌에 너무 오래 산소 공급이 안 되고 있었다는 뜻이지.

THE CLASSIC HOUSE

*offers
a wide range of world classics
in modern English.*

01	The Little Prince 어린 왕자
02	Fifty Famous Stories 50가지 재미있는 이야기
03	Aesop's Fables 이솝우화
04	The Great Gatsby 위대한 개츠비
05	Daddy-Long-Legs 키다리 아저씨
06	Pride and Prejudice 오만과 편견
07	O. Henry's Short Stories 오 헨리 단편집
08	Anne Frank: The Diary of a Young Girl 안네의 일기
09	The Scarlet Letter 주홍글씨
10	Jane Eyre 제인 에어
11	Animal Farm 동물농장
12	Tales from Shakespeare 셰익스피어 이야기
13	The Adventures of Tom Sawyer 톰 소여의 모험
14	E. A. Poe's Short Stories 포우 단편집
15	Wuthering Heights 폭풍의 언덕
16	Strait Is the Gate 좁은 문
17	The Adventures of Huckleberry Finn 허클베리 핀의 모험
18	Tolstoy's Short Stories 톨스토이 단편집
19	The Adventures of Sherlock Holmes 셜록 홈즈의 모험
20	Tess of the d'Urbervilles 테스
21	Sense and Sensibility 이성과 감성
22	The Phantom of the Opera 오페라의 유령
23	Dr. Jekyll and Mr. Hyde & Other Stories 지킬 박사와 하이드 씨 외
24	Gone with the Wind 바람과 함께 사라지다
25	Little Women 작은 아씨들

26	Les Miserables	레 미제라블
27	Great Expectations	위대한 유산
28	War and Peace	전쟁과 평화
29	A Midsummer Night's Dream & Other Stories	한여름 밤의 꿈 외
30	The Sorrows of Young Werther	젊은 베르테르의 슬픔
31	Robinson Crusoe	로빈슨 크루소
32	Around the World in Eighty Days	80일간의 세계일주
33	The Necklace & Other Stories	목걸이 외
34	The Hunchback of Notre-Dame	노트르담의 꼽추
35	A Portrait of the Artist as a Young Man	젊은 예술가의 초상
36	Don Quixote	돈키호테
37	The Notebooks of Malte Laurids Brigge	말테의 수기
38	Odyssey	오디세이
39	The Brothers Karamazov	카라마조프 가의 형제들
40	A Doll's House	인형의 집
41	A Woman's Life	여자의 일생
42	First Love & Mumu	첫사랑 & 무무
43	Sons and Lovers	아들과 연인
44	The Memoirs of Sherlock Holmes	셜록 홈즈의 회상록
45	The Autobiography of Benjamin Franklin	프랭클린 자서전
46	A Christamas Carol & Other Stories	크리스마스 캐럴 외
47	Crime and Punishment	죄와 벌
48	Resurrection	부활
49	Greek and Roman Mythology	그리스 로마 신화
50	The Last Lesson & Other Stories	마지막 수업 외